Os Deuses Eram Astronautas

Evidências das Verdadeiras Identidades
dos Velhos "Deuses"

Erich von Däniken

Os Deuses Eram Astronautas

Evidências das Verdadeiras Identidades dos Velhos "Deuses"

Tradução:
Marcos Malvezzi Leal

Publicado originalmente em inglês sob o título *The Gods Were Astronauts: Evidence of the True Identities of the Old 'Gods'* por Tantor eBooks, uma divisão da Tantor Media, Inc.
© 2011, Erich von Däniken.
Direitos de edição e tradução para todos os países de língua portuguesa.
Tradução autorizada do inglês.
© 2024, Madras Editora Ltda.

Editor:
Wagner Veneziani Costa (*in memoriam*)

Produção e Capa:
Equipe Técnica Madras

Tradução:
Marcos Malvezzi Leal

Revisão da Tradução:
Arlete Genari

Revisão:
Ana Paula Luccisano

Dados Internacionais de Catalogação na Publicação (CIP)
(Câmara Brasileira do Livro, SP, Brasil)

Däniken, Erich Von
Os deuses eram astronautas: evidências das verdadeiras identidades dos velhos "Deuses" Erich Von Däniken/Erich Von Däniken; tradução Marcos Malvezzi Leal. – São Paulo: Madras, 2024
Título original: The gods were astronauts: evidence of the true identities of the old
ISBN 978-85-370-1170-6

    1. Civilização antiga – Influências extraterrestre
    2. Teologia do espaço I. Título.

    18-22331   CDD-001.942

    Índices para catálogo sistemático:
    1. Civilização antiga: Influências extraterrestres 001.942
    Cibele Maria Dias – Bibliotecária – CRB-8/9427

É proibida a reprodução total ou parcial desta obra, de qualquer forma ou por qualquer meio eletrônico, mecânico, inclusive por meio de processos xerográficos, incluindo ainda o uso da internet, sem a permissão expressa da Madras Editora, na pessoa de seu editor (Lei nº 9.610, de 19/2/1998).

Todos os direitos desta edição, em língua portuguesa, reservados pela

MADRAS EDITORA LTDA.
Rua Paulo Gonçalves, 88 — Santana
CEP: 02403-020 — São Paulo/SP
Tel.: (11) 2281-5555 – (11) 98128-7754
www.madras.com.br

Índice

Prefácio 7
Capítulo 1: Uma Aula Diferente de Educação Religiosa 11
Capítulo 2: Mentiras em Torno do Evento de Fátima 65
Capítulo 3: Florestas Inteiras de Estupas 107
Capítulo 4: Armas dos Deuses 127
Reflexões 185
Apêndice 191
Imagens I

Prefácio

Aconteceu há mais de 50 anos, na escola primária de Schaffhausen, na Suíça. Eu devia ter uns 10 anos de idade e escutava nosso instrutor religioso narrando mais uma vez uma batalha ocorrida no Céu. Um dia, o arcanjo Lúcifer compareceu ao trono de Deus, com sua legião de anjos, e declarou: "Não vamos mais servir ao Senhor!". O Deus Todo-Poderoso, então, ordenou ao arcanjo Miguel que expulsasse Lúcifer e seus seguidores rebeldes do Céu. Miguel cumpriu a ordem com sua espada flamejante. A partir daquele dia – segundo nosso professor de educação religiosa –, Lúcifer se tornou o Diabo e todos os seus seguidores passaram a arder no fogo do Inferno.

Naquela noite, pela primeira vez em minha vida ainda tão jovem, fiquei muito pensativo. Nós, crianças, aprendíamos que o Céu era um lugar de absoluta glória, um local para onde todas as pessoas boas iam depois da morte. Um lugar onde as almas se tornavam íntimas de Deus. Então, como poderia ocorrer conflito em um reino assim tão paradisíaco? Por que Lúcifer e seus anjos de repente se rebelariam contra um Deus onipotente, um Deus de amor?

Minha mãe, a quem pedi uma explicação, não soube o que dizer. Com Deus, ela disse, exibindo uma expressão preocupada, tudo era possível. Assim tinha de ser – mesmo o impossível.

Posteriormente, no Ensino Médio, aprendemos latim e descobri que o nome Lúcifer era formado a partir de duas palavras: *lux* (luz) e *ferre* (fazer, carregar). Lúcifer significa "o fazedor de luz" ou o Portador da Luz. De todas as criaturas, o Diabo era o Portador da Luz? Quando percebi isso, com base no latim, toda aquela questão me pareceu ainda mais confusa.

Vinte anos depois, já estudara minuciosamente o Antigo Testamento, como se referem os cristãos às tradições antigas. Li passagens do profeta judeu Isaías[1] (c. 740 a.C.):

"Como você caiu dos céus, ó estrela da manhã, filho da alvorada! Como foi atirado à terra, você, que derrubava as nações! Você, que dizia no seu coração: 'Subirei aos céus; erguerei o meu trono acima das estrelas de Deus; eu me assentarei no monte da assembleia...'" (Isaías 14, 12-13).

Esses versículos do livro de Isaías podem ter sido alterados no decorrer dos milênios, mas em que pensava ele, originalmente? No assim chamado livro do Apocalipse, de João, lemos outra alusão clara e definitiva a batalhas no Céu, no capítulo 12, versículo 7:

"Houve então uma guerra nos céus. Miguel e seus anjos lutaram contra o dragão, e o dragão e os seus anjos revidaram".

Curioso. As grandes tradições de outros povos também sustentam a ideia de que essas batalhas no céu não foram totalmente imaginadas. No *Livro dos Mortos do Antigo Egito*, uma coletânea de textos colocada em uma sepultura com um corpo mumificado de modo que o falecido soubesse como se comportar no Além, lemos que Rá, o poderoso Deus-Sol, lutou contra os filhos rebeldes do céu. Durante toda a batalha, pelo que lemos, o deus Rá jamais teria saído de seu "ovo".[2]

Batalhas no Céu? No espaço sideral? Ou nossos ancestrais ignorantes se referiam meramente aos combates entre o bem e o mal travados entre os seres humanos? Será que imaginaram um combate atmosférico no decorrer de uma tempestade e a projetaram em um campo de batalha no espaço? Uma batalha de nuvens escuras contra o Sol? Ou a origem dessa interpretação espantosa seria um eclipse solar, quando algo terrível tentava devorar o Sol? Todas essas explicações naturais não nos levam a lugar algum, como demonstrarei. Se a batalha entre Lúcifer e Miguel somente fosse narrada na antiga esfera judaica, poderíamos facilmente ignorá-la. Mas ela não é o único

---

1. Todas as citações da Bíblia no texto original são da *King James Bible* (Antigo Testamento e Novo Testamento) [N.T.: As referências bíblicas em português são da Bíblia Sagrada – edição pastoral © Sociedade Bíblica Católica Internacional e Paulus, São Paulo (Brasil)]; e/ou da Bíblia Sagrada On-line.]
2. Ruegg, Waler (Ed.). *Die Ägyptische Götterwelt* [*The Egyptian World of the Gods*]. Zurique e Stuttgart, 1959.

exemplo; outras histórias muito antigas costumam exibir semelhanças impressionantes.

Por milhares de anos, os mosteiros tibetanos preservaram textos chamados de *dzyan*. Algum texto original, que pode ter existido ou não, deve ter sido a fonte de muitos fragmentos *dzyan* que foram encontrados em bibliotecas de templos indianos. Estamos falando de centenas de folhas escritas em sânscrito, prensadas entre duas peças de madeira. Nelas, lemos que, na "quarta idade do mundo", os filhos receberam a ordem de criar segundo a própria imagem. Um terço dos filhos se recusou a cumprir tal ordem:

As velhas rodas giraram para cima e para baixo. A essência da Mãe preenchia o Todo. Batalhas foram travadas entre os criadores e os destruidores, e batalhas em torno de Espaço... *Faça seus cálculos, Lanu, se deseja obter a idade verdadeira de sua roda.*[3] (Ênfase do autor)

Em meu livro anterior, menciono trechos da mitologia grega.[4] Ela começa com uma batalha no céu. Os filhos de Urano se rebelaram contra a ordem celestial e seu criador. A partir daí, foram travadas batalhas terríveis, e Zeus, o pai dos deuses, é apenas um dos vitoriosos. Prometeu fora um dos que enfrentaram Zeus, e esse confronto ocorreu no "Céu", quando ele roubou de lá o fogo, trazendo-o à Terra. Prometeu – Lúcifer, o Portador da Luz?

Do outro lado do mundo, longe da Grécia, fica a Nova Zelândia. Mais de cem anos atrás, o etnólogo John White fazia perguntas aos velhos sacerdotes dos maoris acerca de suas lendas. Elas também começam com uma batalha no Céu.[5] Alguns filhos de Deus se rebelaram contra o pai. O líder desses guerreiros espaciais se chamava Ronga-mai; e após uma batalha vitoriosa, ele se permitiu ser venerado na Terra.

Sua aparência era como a de uma estrela brilhante, uma chama, como um sol. Onde ele pousava, a Terra se contorcia, dela subiam nuvens de poeira que ofuscavam a vista; o ruído era como o do trovão e, a distância, lembrava o som do mar em uma concha.

---

3. Blavatsky, Helena P. *The Secret Doctrine*, vol. 1. Londres, 1888.
4. Von Däniken, Erich. *Im Namen von Zeus*. Munique, 1999. [Disponível em inglês como *Odyssey of the Gods*. Londres: Chrysalis Vega, 2002.]
5. White, John. *Ancient History of the Maori*, vol. I-II. Wellington, 1887.

Esses relatos não podem simplesmente ser descartados, ou esquecidos nos arquivos de um psicólogo. Eles preservam memórias muito antigas. No *Drona Parva*,[6] a mais antiga tradição da Índia, as batalhas no espaço são descritas da mesma maneira que nas antigas lendas judaicas não pertencentes ao Antigo Testamento.[7] Também ali encontramos menção a "rodas sagradas", "onde residiam os querubins". E isso não ocorria em um lugar qualquer, mas "no Céu" e "em meio às estrelas".

Os etimologistas nos garantem que devemos interpretar tudo isso simbolicamente.[8] Essas histórias estranhas[9] são apenas mitos. Apenas? Em que árvore genealógica devemos subir, se na mitologia só encontraremos símbolos? E se são símbolos, o que representam? O termo "símbolo" vem do grego, *symballein*, que significa "ajuntar". Se os mitos devem ser interpretados apenas simbolicamente, eu gostaria muito de saber o que exatamente foi "ajuntado". A tentativa de aceitarmos os mitos como algo vago não nos leva a lugar nenhum. Tornamo-nos uma sociedade que simplesmente aceita e crê nas tradições mais contraditórias, seguindo o que as religiões querem que acreditemos. Mas, sem dúvida, não estamos preparados para aceitar alguns fatos novos. Quando afirmo que o Livro Sagrado e, particularmente, os primeiros livros do Antigo Testamento estão repletos de contradições e histórias de terror, e que o Deus que falava com Moisés nunca poderia ser o verdadeiro Deus da Criação, as pessoas se ofendem e, cheias de indignação, exigem provas. Quando apresento as evidências, sou publicamente agredido. Por quê? Porque não devemos questionar as crenças e a fé. Claro que isso só se aplica às crenças dos grupos religiosos maiores. Se ataco as crenças de um grupo menor, a regra já não se aplica.

A humanidade alcançou um novo milênio. De minha parte, penso que é mais responsável analisar as histórias antigas e estabelecer novas metas.

---

6. Roy, Portrap Chandra. *The Mahabharata. Drona Parva*. Calcutá, 1888.
7. Berdyczewski, M. J. (Bin Gorion). *Die Sagen der Juden von der Urzeit* [*Legends of the Jews from Ancient Times*]. Frankfurt a.M., 1913.
8. Gunder, Wilhelm. *Japanische Religionsgeschichte* [*A Japanese History of Religion*]. Stutgart, 1936.
9. Von Däniken, Erich. *Der Götterschock* [Não disponível em inglês]. Munique, 1992.

Capítulo 1

Uma Aula Diferente de Educação Religiosa

"A ciência é o único remédio contra a superstição."
Henry T. Buckle

Não podemos negar o fato de que os seres humanos duvidam e até se revoltam contra Deus. Todos conhecem a pergunta: Como Deus deixou tal coisa acontecer? Pode ser uma referência aos milhões de judeus maltratados e assassinados na Segunda Guerra Mundial, ou às vítimas de tortura nas ditaduras. Como Deus pôde deixar que crianças inocentes fossem torturadas e mortas? Como Ele pode permitir catástrofes naturais que causam fome e sofrimento a tantos povos? Como Ele deixa os cristãos serem perseguidos em nome d'Ele, seres humanos serem sacrificados de maneira bárbara, bruxas ou outros supostamente endemoninhados passar por torturas atrozes e uma morte inimaginável?

A lista de perguntas em torno de como Deus poderia permitir todas essas coisas é infinita – e as respostas, que engolimos sem compreender, também o são. Querem que acreditemos que Deus tem um local reservado no Céu para todas essas vítimas de maus-tratos. Lá, naquele reino do além, elas serão bem recompensadas. A consciência de Deus é incompreensível, mas sábia. O homem pensa, mas Deus o guia. Não devemos perguntar "por quê", dizem-nos os crédulos teólogos. Só Deus sabe "por quê".

Talvez. Mas esse mesmo Deus – de acordo com as tradições cristãs, judaicas e muçulmanas – teria nos criado "segundo sua imagem". Lemos isso em Gênesis, o que é válido para as três grandes religiões do mundo:

Então disse Deus: "*Façamos o homem à nossa imagem, conforme a nossa semelhança. Domine ele sobre os peixes do mar, sobre as aves do céu, sobre os grandes animais de toda a terra e sobre todos os pequenos animais que se movem rente ao chão*".

Criou Deus o homem à sua imagem, à imagem de Deus o criou; *homem e mulher os criou* (Gênesis 1, 26-7, ênfase do autor).

Se o homem é criado à imagem e semelhança de Deus, também deveria ser inteligente. E ninguém pode negar que aquilo que compreendemos como Deus precisa ser a maior de todas as inteligências imagináveis. Formas de vidas inteligentes têm o hábito de questionar e buscar respostas. Seres inteligentes não creem em qualquer absurdo antigo. E se *não* fomos feitos à imagem de Deus, ainda assim permanece o fato de que somos seres inteligentes, à "imagem e semelhança de Deus" ou não. Quando digo "inteligência", refiro-me à cultura no senso mais amplo possível, algo que nos separa dos animais. E outra coisa: Deus não deveria ser apenas o poder da inteligência no mais alto grau, mas também infalível. Entretanto, o Deus que encontramos no Antigo Testamento não é infalível. Depois de criar o homem e a mulher, Ele "viu que era muito bom" (Gênesis 1,31). É o que se esperaria da obra divina. Mas esse mesmo Senhor, que criou o homem, pouco depois se arrepende do que fez:

Então o Senhor arrependeu-se de ter feito o homem sobre a terra, e isso cortou-lhe o coração.

Disse o Senhor: "*Farei desaparecer da face da terra o homem que criei, os homens e também os animais, grandes e pequenos, e as aves do céu. Arrependo-me de havê-los feito*" (Gênesis 6, 6-7).

Incompreensível! Primeiro, esse Deus infalível cria os animais e o homem, descobre que é bom, depois se arrepende do ato. Isso é divino?

Outra característica que deve ser atribuída a Deus é a atemporalidade. Um Deus verdadeiro deve se localizar fora do tempo. Ele nunca precisaria realizar experiências e esperar para ver o resultado.

É exatamente isso, porém, que ocorre no Antigo Testamento, várias vezes. Depois de criar o homem, Deus o colocou no Jardim do Éden. Lá, Adão e Eva tinham a permissão de fazer o que quisessem, exceto uma coisa: não podiam comer a maçã. Não importa se a maçã simboliza outra coisa: um pecado ou o primeiro ato sexual. Existe uma proibição. Esse Deus atemporal deveria saber desde o princípio que suas criações burlariam essa proibição – exatamente o que acontece. E o Deus profundamente ofendido expulsa do Paraíso nossos primeiros ancestrais. A Igreja Cristã conseguiu contornar isso com conceitos ainda mais ilógicos: todos os descendentes de Adão e Eva são marcados pelo "pecado original", que só pode ser expiado pelo sacrifício de sangue do único filho de Deus. Que pensamento verdadeiramente medonho!

Sou – e repito isso em todos os meus livros – um homem que crê em Deus e temo a Deus. Rezo também, todos os dias. Meu pobre cérebro não é capaz de definir Deus. Muitas pessoas, mais inteligentes que eu, tentaram, mas para mim Deus é algo extraordinário e, sem dúvida, singular. Concordo com todas as grandes religiões do mundo: só pode haver um Deus. E aquilo que chamamos de Deus deve ser infalível, atemporal, onipresente e onipotente. Essas são as características mínimas que devemos conceder a Deus, com profundo respeito. Jamais será possível descrever Deus ou definir o Espírito Santo em um ponto da linha do tempo.

A ciência nos diz que, no princípio, só havia o hidrogênio, ou o *Big Bang*. E o que causou o *Big Bang*? O que havia antes do *Big Bang*? Esse *Big Bang*, afirmam os superinteligentes astrofísicos, ocorreu cerca de 15 mil anos atrás e durou uma fração de segundo. Mas somos incapazes de explicar essa fração de segundo. Nada surge do nada – mesmo as mais intricadas fórmulas matemáticas não podem vencer esse obstáculo.

Albert Einstein (1879-1955), além da teoria da relatividade, também formulou a teoria menos conhecida da gravitação. Ambas explicam o macrocosmo, nosso "universo maior", por assim dizer. Então, veio outro gênio do campo da física, Werner Heisenberg (1901-1976), e desenvolveu fórmulas de física quântica, que até hoje são apenas compreendidas por especialistas. O comportamento do microcosmo pode ser explicado com o auxílio da física quântica. O que acontece por trás dessas partículas subatômicas? Para sermos exatos, ambos os conceitos – a teoria da gravitação e física quântica – deveriam se encontrar na teoria do *Big Bang*. Entretanto, as teorias matemáticas que visam unir os dois conceitos não passam de absurdos números e fórmulas que não fazem sentido. Parece que nada se encaixa. A câmara reprodutiva do Universo permanece não desvendada. Espaço e tempo, que supostamente não existiam antes do *Big Bang*, surgem simultaneamente ao *Big Bang*. Mas o que existia *antes* do aparecimento do espaço e do tempo?

Espaço e tempo surgiram juntos, conforme descobriram as mentes afiadas e brilhantes de nossos astrofísicos. Inúmeros cálculos foram feitos, e computadores foram alimentados com dados até chegarmos a essa conclusão estupenda. Foram organizadas conferências internacionais e muitos textos significativos foram lidos. Os cientistas poderiam ter encontrado a resposta de uma maneira muito mais fácil. O diálogo de Platão, *Timeu*, escrito por volta de 2.500 anos atrás, diz:

Então, surgiu o tempo com o firmamento, de modo que, surgindo juntos, também fossem dissolvidos juntos, caso isso um dia aconteça...

Se começarmos pela pergunta "O que é Deus?", também podemos perguntar: "Quem (ou o que) criou Deus?" Não há fim – ou melhor, não há começo. Os seres humanos inventaram uma figura paterna de Deus, um indivíduo que comanda e castiga, elogia e critica. Certamente, a criação de Deus não é assim. Os teólogos afirmam que devemos atribuir a esse ser criador a habilidade para se transformar em uma pessoa a qualquer momento, assumindo forma humana. Talvez. Mas, mesmo assim, essa Pessoa-Deus deve preservar seus atributos divinos. Naturalmente, tenho familiaridade com conceitos de Deus de diversas religiões e escolas filosóficas e, no fim das contas, todos se resumem a isto: seja Deus o que for, "ele" deve ser eterno, atemporal, perfeito e onipresente. Foi Albert Einstein que cunhou a expressão "Deus não joga dados".

O Deus no Antigo Testamento joga. E, em vários casos demonstráveis, Ele não prevê o futuro, como podemos observar, por exemplo, com o profeta Ezra (hebraico: socorro). Ezra foi um dos profetas que retornou a Jerusalém por volta de 458 a.C., depois do cativeiro na Babilônia.

No Antigo Testamento, há somente um capítulo sobre Ezra, mas os textos apócrifos contêm muito mais. Encontramos neles Ezra perguntando a Deus – ou a seus emissários – a respeito dos sinais por vir e de sua própria vida. A resposta foi:

Só posso lhe falar de alguns dos sinais de que me pergunta. Não sou capaz de lhe falar de sua vida futura, pois nem eu sei.[10] (Ênfase do autor)

Ora, Ezra não viveu na mesma época que Moisés, e talvez tivesse suas conversas com outra pessoa, não apenas com Deus. Mas o Deus dos tempos de Adão e Eva também parecia não saber o que se passava. Depois de Eva oferecer a maçã ao marido, ele se escondeu atrás dos arbustos "por medo". Mas parece que Deus não sabe onde ele está:

Mas o Senhor Deus chamou o homem, perguntando: "Onde está você?" (Gênesis 3, 9)

Adão diz a Deus que o ouviu, mas se escondera porque estava "envergonhado". O Senhor, então, quer saber quem informou Adão de que estava nu, e lhe pergunta se comeu da árvore cujo fruto era proibido. Adão responde:

Disse o homem: "Foi a mulher que me deste por companheira que me deu do fruto da árvore, e eu comi". (Gênesis 3, 12).

De acordo com essa versão, Deus realmente não estava na cena. Ele não sabia onde se encontrava Adão nem tinha a menor ideia de que Eva tentara o marido a comer a maçã. As pessoas que creem na Bíblia dizem que essas passagens não devem ser interpretadas literalmente, tudo é simbólico. Bem, mas mesmo a "ilógica simbólica" não faz sentido, como veremos.

---

10. Kautzsch, Emil. *Die Apokryphen und Pseudepigraphen des Alten Testaments* [*The Apocrypha and Pseudo-epigraphs of the Old Testament*, Forth Book Esra]. Hildesheim, 1962.

Depois que Adão descobre o ato sexual, Eva lhe dá os filhos Caim e Abel. Abel se torna pastor de ovelhas, e Caim, um agricultor – duas profissões subsidiadas e à prova de crises. Os dois rapazes fazem sacrifícios ao Senhor. E como age esse Deus infalível? Reconhece Abel e seu sacrifício com bons olhos, mas não faz o mesmo com Caim (Gênesis 4, 4-5).

Até esse ponto, Caim e Abel não conheciam o conceito de dois pesos e duas medidas. Não foi à toa que Caim reagiu com indignação a esse Deus parcial:

O Senhor disse a Caim: "Por que você está furioso? Por que se transtornou o seu rosto?" (Gênesis 4, 6)

Um Deus onisciente deveria saber disso.

Esse Deus, contudo, nem ao menos impede Caim de matar seu irmão inocente, Abel. Ainda precisa perguntar:

Então o Senhor perguntou a Caim: "Onde está seu irmão Abel?" Respondeu ele: "Não sei; sou eu o responsável por meu irmão?" (Gênesis 4, 9)

Embora "Deus" acabe punindo Caim, este está destinado a ser o progenitor de uma linhagem fenomenalmente grande, que faria história na Bíblia. Mas Caim não é o único assassino aos olhos de Deus, pois Moisés, muito tempo depois, carrega o mesmo estigma. Voltarei a Moisés mais adiante.

A narrativa bíblica torna-se decididamente dramática no capítulo 6:

Quando os homens começaram a multiplicar-se na terra e lhes nasceram filhas, os filhos de Deus viram que as filhas dos homens eram bonitas, e escolheram para si aquelas que lhes agradaram...

Naqueles dias, havia nefilins na terra, e também posteriormente, quando os filhos de Deus possuíram as filhas dos homens e elas lhes deram filhos. Eles foram os heróis do passado, homens famosos (Gênesis 6, 4).

Não falarei mais desses nefilins, ou gigantes, pois já os mencionei em meu livro anterior (ver nota 4). A questão a respeito desses "filhos de Deus" também já foi abordada (ver nota 9). Simplesmente não entendo como as pessoas que seguem a Bíblia, e que costumam citar tudo quanto é passagem do Livro Sagrado, sempre ignoram essas passagens cruciais. No entanto, é evidente que tais trechos falam dos "filhos de Deus". Hoje, apenas consigo imaginar um sorriso resignado diante das batalhas eruditas que se estendem há séculos em torno dessas palavras, e que resultaram em milhares de comentários contraditórios. O termo "filhos de Deus" foi traduzido como "anjos caídos"; em outros trechos, foi interpretado como "seres espirituais renegados" ou até como "Guardiões dos Céus". Chega a dar vontade de arrancar os próprios cabelos! Três palavrinhas – filhos de Deus – distorceram a Fé até seu oposto. Os especialistas capazes de ler hebraico, porém, sabem exatamente a que as três palavras se referem: "aqueles que vieram do alto".

No fim, esse conflito entre os teólogos sobre o significado do termo "filhos de Deus" é irrelevante. Sejam eles interpretados como "anjos rebeldes" ou "Guardiões dos Céus", Deus deveria saber de antemão o que iam aprontar. Evidentemente, Ele não fazia ideia. E, aqueles que querem ver como "seres espirituais" esses "filhos de Deus", deveriam ler mais adiante, na própria Bíblia. Esses seres espirituais têm relações sexuais com humanos. Espíritos não fazem isso.

A confusão é suprema no livro de Gênesis. O que me entristece é que milhões de pessoas acreditam que esse Deus contraditório citado em Gênesis é o mesmo Espírito grandioso que criou o Universo. E essa não é apenas a crença popular. Não: mesmo na literatura teológica especializada, que torce e justifica todas as contradições com uma sofisticação inacreditável, o Deus do Antigo Testamento é visto como o único Deus universal, com todos os atributos divinos. O famoso jesuíta e professor de teologia Karl Rahner, que leciona para centenas de jovens padres, nos assegura que a história do Antigo Testamento "se origina *daquele* Deus que, no fim, se revelou em Jesus Cristo".[11] Os textos do Antigo e do Novo Testamento, segundo Rahmer, têm a mesma fonte. Deus "fez uma aliança especial" com o povo de Israel, de onde, "desde tempos imemoriais", fora planejada como um mero prólogo à vinda de Cristo. Ah, e o Antigo Testamento era

---

11. Rahner, Karl. *Herders Theologisches Lexicon* [*Herders' Theological Encyclopedia*, vol. I]. Freiburg, Basle: Viena, 1972.

um "movimento aberto, orquestrado por Deus, na direção da salvação final".

Os professores de teologia, muito inventivos e criativos, admitem que o Antigo Testamento foi tecido a partir de diversos textos originários de épocas diferentes, redigidos por vários autores. Relatos patriarcais oriundos de um passado nebuloso e distante foram compilados. Esses professores até reconhecem a "licença poética" de várias escolas teológicas, sempre de acordo com as necessidades de suas épocas respectivas. Por exemplo, insinua-se que as histórias de Israel, como a dos javistas e dos descendentes do rei Davi, visavam unicamente à legitimação do trono de Salomão ou à tomada da Palestina por Israel. Diante de tais afirmações, não precisamos nos surpreender com o fato de que os judeus e os cristãos tenham tanta dificuldade para se relacionar. Apesar dessas concessões e dos erros de interpretação, prevalece nos círculos teológicos uma atitude inconsequente de se saber tudo, alegando-se que as narrativas históricas na Bíblia são "sem exceção, relatos da manifestação da Palavra de Deus. Essa fórmula tem aplicação universal". Essa declaração é do professor de teologia Jacques Guillet. (Ver nota 11)

Como, enfim, devemos olhar para tudo isso? O Antigo Testamento seria, então, "um movimento aberto orquestrado por Deus, na direção da salvação final" (Rahner). Esse plano tem "aplicação universal" (Guillet). E, para que não haja dúvida alguma, as histórias do Antigo e do Novo Testamentos se originam de um único Deus, que se revelou no Cristo, "de forma que o Antigo e o Novo Testamentos vêm da mesma fonte" (Rahner). Ao mesmo tempo, muitos dos relatos patriarcais seriam oriundos de um "passado nebuloso e distante", e ainda, "sem exceção, relatos da manifestação da Palavra de Deus".

O único remédio para essa baboseira teológica erudita é, provavelmente, a educação. Ninguém deve ter a pretensão de me dizer o que vejo. Eu *sei* ler.

A história do Dilúvio e da Arca de Noé é muito conhecida, e já a abordei em meus livros anteriores. Para quem não os leu, repito apenas: o que lemos sobre o Dilúvio em Gênesis, capítulo 6, versículo 9, origina-se em textos muito mais antigos, da Babilônia e até da Suméria.[12][13]Alguém em um passado remoto inseriu, portanto, uma história do Livro dos Livros, a Sagrada Escritura, e também inventou o nome Noé; e tudo isso provém de fontes completamente diferentes. No entanto, de acordo com a teologia, o Antigo Testamento lida, "sem exceção, com relatos da manifestação da Palavra de Deus" (Jacques Guillet).

Depois do grande Dilúvio, e quando a Arca chegou ao topo de uma montanha, Noé fez um sacrifício ao Senhor e, de acordo com Gênesis, capítulo 8, versículo 21: "O Senhor sentiu um aroma agradável". Não é muito diferente do que acontece no Épico de Gilgamesh. Utnapishtim, que sobreviveu ao Dilúvio, oferece em sacrifício um cordeiro, grãos, madeira de cedro e murta na montanha. "Os deuses sentiram o aroma, e o aroma chegava agradavelmente às narinas dos deuses. E os deuses se reuniram como moscas ao redor da oferenda". (Ver nota 13)

Deuses estranhos, capazes de sentir o aroma de carne frita!

Depois desse odor agradável de carne cozida, o Deus do Antigo Testamento decide: "Nunca mais amaldiçoarei a terra por causa do homem" (Gênesis 8, 21). E também: "E nunca mais destruirei todos os seres vivos como fiz desta vez". Ele convida Noé e seus filhos a frutificarem e multiplicarem, a fim de repovoar a Terra. Deus também afirma claramente que todos os animais devem ser dominados pelo homem:

Todos os animais da terra tremerão de medo diante de vocês: os animais selvagens, as aves do céu, as criaturas que se movem rente ao chão e os peixes do mar; eles estão entregues em suas mãos (Gênesis 9, 2).

As pessoas que amam os animais provavelmente jamais se sentiriam à vontade com essa ordem divina. Na história paralela, porém mais antiga, do Épico de Gilgamesh, alguns deuses sentem o aroma de carne cozida e se reúnem acima da Arca. Começam a discutir e admoestar o deus Enlil, que provocou o Dilúvio. "Ó mais sábio dos

---

12. Pritchard, James B. *Near Eastern Texts Relating to the Old Testament.* Londres, 1972.
13. Burckhardt, Georg. *Gilgamesch. Eine Erzählung aus dem alten Orient.* Wiesbaden, 1958. [Tradução disponível em inglês – Temple, Robert. *He Who Saw Everything. A Verse Translation of the Epic of Gilgamesh.* Rider: Londres, 1991.]

deuses, Ó grande herói guerreiro, como pôde, sem o devido aconselhamento, causar o Dilúvio?" (Ver nota 13)

No fim, "O Deus da terra e de todas as nações" sobe "em seu barco", conduz Utnapishtim e sua esposa para fora da Arca, impõe as mãos sobre eles e os abençoa. (Uma outra história sobre o Dilúvio, com conteúdo semelhante, é descrita em *Enuma elish*, a partir do "poema tutelar da Criação" babilônico.[14])

Quem se identificou como o Deus nessas fontes certamente não era o Criador do Universo. O Antigo Testamento e o Épico de Gilgamesh descrevem os mesmos eventos, porém, com uma diferença clara: no Épico, aparece uma testemunha ocular que registra os eventos em primeira pessoa. Utnapishtim é o sobrevivente do Dilúvio, como Noé na Bíblia, mas nesta última a história é narrada na terceira pessoa.

O Deus do Antigo Testamento também abençoa seus protegidos e sela uma "aliança eterna" com eles e todos os seus descendentes:

Nunca mais as águas se tornarão um dilúvio para destruir toda forma de vida (Gênesis 9, 15).

Realmente, essa seria uma declaração reconfortante, se viesse mesmo dos lábios de Deus. Os habitantes da Terra de todos os tempos jamais precisariam temer os efeitos de uma queda de meteorito no mar. Como sabem os astrônomos hoje em dia, essas quedas são possíveis, com consequências terrivelmente destrutivas para a humanidade inteira. Essa promessa, contudo, não parte do Criador do Universo, daquela inteligência incompreensível da fonte primeira. Os textos antigos no Épico de Gilgamesh e no Antigo Testamento falam de outros deuses. Deuses? Com certeza, o Antigo Testamento apenas menciona *um* Deus? Já tive de desfazer essa ilusão em meus livros anteriores. A palavra hebraica que significa "Deus" em Gênesis é "*elohim*". É um termo que designa o plural, e significando "deuses". Parece um pensamento sóbrio, mas é a verdade.

As religiões mundiais – Judaísmo, Islamismo e Cristianismo – baseiam-se nos livros do Gênesis. O Islã considera as velhas histórias

---
14. Lambert, Wilfred G. e Millard, Alan R. *Atra Hasis. The Babylonian Story of the Flood.* Oxford, 1970.

de Moisés e Salomão (Suleiman) tradições respeitáveis. Os estudiosos da Torá do Judaísmo não apenas acreditam nelas, mas também aceitam que suas tradições são passíveis de interpretação e pesquisa; e a obra deles pode ser lida, por exemplo, nos diversos volumes *midrash*. Essas obras literárias, conhecidas como *midrashim*, contêm a pesquisa desenvolvida há muitos séculos por estudiosos judeus de renome. *Midrash* é um trabalho de interpretação, uma busca por significado.[15][16] Só a religião cristã constrói a "Palavra de Deus" a partir dos textos do Antigo Testamento, "um padrão geral e, sem exceção, relatos da manifestação de uma Palavra de Deus" (Rahner).

Ora, nenhuma religião simplesmente "surge". Toda religião tem uma história, uma espécie de Religião Original, segundo a qual os humanos deveriam viver e que deveriam seguir, conforme os pronunciamentos de seus ancestrais. Não há uma evidência escrita dessa religião original. Provavelmente, séculos se passaram até que diversas histórias fossem compiladas em uma única História. Cada uma dessas histórias deve conter um núcleo de verdade, mas condensar todas como a "Palavra de Deus" é quase um insulto ao Poder Infinito da Criação (se é que a inteligência por trás da Criação pode ser insultada por criaturas microscópicas como os seres humanos). As tradições compiladas no Antigo Testamento falam realmente de deuses que eram ativos em determinada época e lugar, mas não cabem na categoria de um espírito original inteligente.

O Deus do Antigo Testamento, na verdade, estabelece várias "alianças eternas" com Abraão (Gênesis 13, 15; Gênesis 15, 5; Gênesis 15, 18). Apenas *uma* aliança divina seria suficiente. Frequentemente são exigidas oblações e tributos. Acho inexplicável que um Deus metafísico queira isso. Sem falar na história desagradável de Sodoma e Gomorra. Parece blasfêmia atribuir tal evento ao poder criativo inteligente de Deus.

Em primeiro lugar, o Deus bíblico ouve que as pessoas estão cometendo pecados horríveis em Sodoma e Gomorra, mas parece não

---

15. *Der Midrasch Bereschit Rabba*, übersetz von A. Wünsche [*The Midrash Bereshit Rabba*, traduzido para o alemão por A. Wünsche]. Leipzig, 1881.
16. *Der Midrasch Schemit Rabba*, übersetz von A. Wünsche [*The Midrash Shemit Rabba*, traduzido para o alemão por A. Wünsche]. Leipzig, 1882.

ter certeza disso: "Descerei para ver se o que eles têm feito corresponde ao que tenho ouvido. Se não, Eu saberei" (Gênesis 18, 21). Deus não tem ideia. Muito triste. Em seguida, Deus informa Abraão do que pretende fazer, e Abraão tenta negociar com Ele. Isso é divino? Por fim, Deus envia dois anjos a Sodoma para salvar Ló e sua família da destruição das duas cidades (Gênesis 19, 1 em diante). Para começar, esses anjos pretendem passar a noite em alguma hospedaria (por que anjos precisam dormir?), mas Ló implora que descansem em sua casa. A ávida multidão de Sodoma não aceita e cerca imediatamente a casa de Ló e exige que lhe entregue os anjos "para que possamos conhecê-los". A pressão devia ser grande, pois Ló oferece ao povo ansioso suas duas filhas: "Façam com elas o que for certo a seus olhos". Os sodomitas não estão interessados. Começam a atacar a casa de Ló e a quebrar a porta. Por fim, os anjos intervêm. Com alguma espécie de arma secreta, eles "Depois feriram de cegueira os homens que estavam à porta da casa, dos mais jovens aos mais velhos, de maneira que não conseguiam encontrar a porta" (Gênesis, 19, 11 em diante). Os dois anjos insistem para que Ló e sua família deixem a cidade imediatamente. Ló ainda hesita. Os anjos perdem a paciência. Arrastam Ló, sua mulher e suas duas filhas para fora da casa:

Assim que os tiraram da cidade, um deles disse a Ló: "Fuja por amor à vida! Não olhe para trás nem pare em lugar nenhum da planície! Fuja para as montanhas, ou você será morto!" (Gênesis 19, 17).

Apesar dessa urgência, Ló ainda reclama. Em vez de fugir para as colinas, ele insiste em ficar na pequena cidade de Zoar, pois lá se sentirá mais seguro. Resignados a tal teimosia, os anjos declaram: "Fuja depressa, porque nada poderemos fazer enquanto você não chegar lá". Por isso a cidade foi chamada Zoar (Gênesis 19, 22).

Mas o Senhor – o bom Senhor? – fez chover fogo e enxofre sobre Sodoma e Gomorra: "Então o Senhor, o próprio Senhor, fez chover do céu fogo e enxofre sobre Sodoma e Gomorra".

Evidentemente, uma grande comoção crescia nas cidades de Sodoma e Gomorra. Mas o Deus onisciente não deveria saber de tudo isso, de antemão? E por que a pressa, a pressão extrema? Havia uma contagem regressiva, que nem os anjos nem Deus podiam parar? Que tipo de Deus era esse?

Minha pequena lição bíblica pretende fazer nada mais, nada menos que uma pequena observação: uma figura de deus é descrita cometendo erros, arrependendo-se, capaz de atos sanguinários de destruição, e não sendo atemporal. Todos esses atributos não divinos não combinam com a percepção de um ser que se encontra acima de todas as coisas. Também de nada adianta exigirmos uma definição de Deus aqui, porque o Antigo Testamento narra a história dessa maneira e de nenhuma outra. Os humanos são levados a acreditar que essas narrativas são a palavra de Deus.

A propósito: Sodoma e Gomorra não foram as únicas cidades pecaminosas destruídas. O épico indiano *Mahabharata* traz a mesma história com alguns ingredientes especiais:[17] para nossa consternação, lemos sobre uma arma que levou toda uma cidade e suas cercanias a se incendiarem completamente. Deparamo-nos, então, com uma visão horrenda: os corpos já não pareciam mais de seres humanos, pois estavam carbonizados a ponto de se tornarem irreconhecíveis. Toda a comida ficou tóxica. Nunca antes a raça humana vira ou ouvira arma tão terrível.

Enquanto a destruição de Sodoma e Gomorra é descrita em duas frases, o relato no oitavo livro do *Mahabharata* é mais detalhado. Em ambos os casos, um deus foi responsável pela hedionda destruição. O Deus de todas as religiões? Não me preocupo demais em compreender todos os relatos, frase por frase, palavra por palavra. São conceitos de um passado distante. Um ou outro deus (ou deuses) se enfureceu, abandonou um experimento fracassado ou defendeu um grupo preferido de humanos com suas armas superiores. Esses deuses sempre vinham do céu ou do paraíso. A pressuposição clássica – que nossos ancestrais deviam atribuir a origem de seus deuses aos céus porque as estrelas indicavam o eterno e inatingível – não aguenta uma análise crítica, pois havia numerosas figuras que vinham da escuridão e do submundo. As descrições dessas batalhas dos deuses nos céus e o comportamento desses seres celestes na Terra não podem ser explicados em termos poéticos ou psicológicos. Além disso, os seres celestes falavam. Davam conselhos, ordens e instruções de

---

17. Roy, Chandra Protap. *The Mahabharata, Musala Parva*, vol. IX. Calcutá, 1896.

natureza técnica. O Deus do Antigo Testamento oferece exemplos excelentes disso.

Ele exige o sacrifício do único filho de Abraão "que você ama" (Gênesis 22). Pouco antes que o terrível ato fosse cometido, Deus envia um anjo do Céu para impedir essa ação incompreensível. Os teólogos explicam essa contradição como um teste. Deus queria ver se Abraão estaria disposto a sacrificar seu único filho para cumprir a vontade divina. Deus devia saber disso antes. Como recompensa pelo ato não cometido – impedido pela intervenção de um anjo –, Deus abençoa Abraão e promete tornar seus descendentes "tão numerosos quanto as estrelas do céu e os grãos de areia" (Gênesis 22, 17). Essa é uma promessa que, em um primeiro momento, somente poderia ser cumprida por poligamia. Há muita poligamia no Livro do Gênesis (exemplos: Gênesis, capítulos 25, 29 e 34).

No segundo Livro, chamado Êxodo, o papel principal é de Moisés. Um homem da casa de Levi se casou com uma mulher levita, que deu à luz um menino bonito. Três meses após seu nascimento, a mãe não podia mais esconder a criança dos egípcios e teceu um cesto de vime, no qual colocou a criança. Claro que o cesto foi fortalecido com alcatrão e betume para se tornar à prova d'água. Uma das filhas do faraó apanhou o cesto do Nilo e adotou o menino.

Uma história comovente que poderia ter ocorrido na Índia. Encontramos a mesma história no livro intitulado *Adi Parva*, do *Mahabharata*. A jovem solteira Kunti foi engravidada pelo deus Sol, e o resultado dessa união incomum foi um filho de beleza singular, pois seu rosto brilhava como o Sol. A ex-virgem temia um escândalo; por isso, fez um cesto à prova d'água e, secretamente, abandonou a criancinha no rio. Uma mulher corajosa chamada Adhirata tirou o cesto da água, adotou a criança e lhe deu o nome de Karna.

Um terceiro relato com o mesmo conteúdo foi literalmente escavado no século XIX, na colina de Kuyunyik, antiga Nínive, pelo professor George Smith. Arqueólogos britânicos desenterraram uma biblioteca inteira de tábuas de argila pertencentes ao rei assírio Assurbanipal, que incluíam, entre outras coisas, a história da vida do rei Sargon I (c. 2400 a.C.). Ele também, segundo o relato, foi colocado em um cesto de vime com betume e solto à deriva no Eufrates.

Esse estranho barquinho foi encontrado por um carregador de água chamado Akki, e o garotinho acabou sendo criado por uma princesa. Há um hiato de aproximadamente mil anos entre a história de Sargon e a de Moisés. Entretanto, não somos capazes de determinar a quantidade de anos entre o conto da virgem indiana Kunti e a história de Moisés.

Palavra de Deus? Quem copiou de quem?

Quando Moisés cresceu, passou a observar seus irmãos hebreus trabalhando como escravos. Testemunhou o assassinato de um hebreu por um capataz egípcio:

Correu o olhar por todos os lados e, não vendo ninguém, matou o egípcio e o escondeu na areia (Êxodo 2, 12).

No dia seguinte, Moisés viu dois hebreus brigando. Tentou mediar, mas um dos homens replicou:

"Quem fez de você nosso príncipe e juiz? Pretende me matar, como matou o egípcio?"

Moisés ficou temeroso porque o assassinato que cometera no dia anterior se tornou de conhecimento público. Fugiu, então, para a terra de Midiã, desposou a jovem filha (supostamente) de um sacerdote e com ela teve seu primogênito, Gerson. Parece que este não teve nenhum papel especial na Bíblia, com uma única exceção (Êxodo 18, 2 em diante), e ele desaparece sem deixar vestígios.

Enquanto Moisés cuidava das ovelhas de seu sogro, aproximou-se de uma montanha sagrada chamada Horebe e observou um estranho espetáculo de chamas que queimavam uma sarça sem, no entanto, consumi-la. Curioso, Moisés chegou mais perto e, para seu assombro, ouviu uma voz que vinha da sarça ardente. A voz lhe ordenou que tirasse as sandálias, pois pisava em solo sagrado. Por fim, a mesma voz lhe disse que era o Deus de seus antepassados Abraão, Isaac e Jacó. "E Moisés escondeu o rosto, pois teve medo de vislumbrar Deus". Deus disse a Moisés que sabia a respeito do sofrimento dos israelitas que viviam em cativeiro no Egito, e desceu à Terra "para libertá-los" e conduzi-los a uma terra bela e grande, onde corriam mel e leite.

Até aqui, tudo indo muito bem, deduzimos. O bom Senhor ordenou a um assassino que tirasse os israelitas do Egito, mas Deus tem uma razão para tudo. Ele envia Moisés ao faraó a fim de exigir que liberte seus compatriotas; quando o faraó se recusa, Deus impõe ao Egito diversas pragas.

Eu sei que o rei do Egito não os deixará sair, a não ser que uma poderosa mão o force.

Por isso estenderei a minha mão e ferirei os egípcios com todas as maravilhas que realizarei no meio deles. Depois disso, ele os deixará sair (Êxodo 3, 19 em diante).

Antes do início das pragas, porém, Deus ordena que roubem dos egípcios. Os israelitas não devem sair de mãos abanando, mas devem, pelo contrário, tomar emprestadas várias joias e vestimentas, que seriam o "espólio dos egípcios" (Êxodo 2, 22 e 12, 35-7). Essas são as palavras exatas da Bíblia, o que não corresponde ao mandamento posterior dado por Deus a seu povo: "Não matarás nem roubarás nem cobiçarás os bens do próximo". Isso mostra, também, um dos motivos por que o faraó não permitiu imediatamente que os egípcios fossem embora.

No andamento da história, Aarão desempenha o segundo papel nesses eventos.

Quem foi Aarão? A *Jewish Encyclopeida*[18] tem a resposta: Aarão era o filho mais velho do hebreu Amram, da tribo de Levi. Moisés, o segundo filho, era três anos mais novo e a irmã deles, Miriam, alguns anos mais velha. Aarão, o bisneto do sumo sacerdote Levi, seguiu a vocação sacerdotal em sua tribo. Enquanto Moisés era criado na corte real egípcia, Aarão vivia com parentes nas fronteiras ao leste do Egito, tornando-se conhecido como um magnífico orador. Quando Moisés recebeu a ordem de Deus de libertar os israelitas do cativeiro egípcio, pediu ajuda do irmão. O fato é que Moisés não era um bom orador; precisava de porta-voz oficial, que apresentasse ao faraó as exigências de Israel. Nos anos que se seguiram, através do Êxodo, Aarão se tornou um representante de Moisés, além de sumo sacerdote; passou a desfrutar a proteção especial do "Senhor, numa

---

18. *The Jewish Encyclopedia: Aaron.* Nova York, Londres, 1906.

coluna de nuvem". Sempre que surgia um problema que necessitasse de conhecimento tecnológico para ser resolvido, Aarão agia. Ele era conhecido como mago, capaz de conjurar processos que pareciam milagres, aos olhos das massas. Certa vez, conforme lemos no Êxodo, Aarão fincou seu cajado no chão diante do faraó, e o cajado imediatamente se transformou em uma serpente viva. Quando o mago da corte tentou repetir o truque, a serpente de Aarão devorou todas as outras cobras (Êxodo 7, 10-12). O mesmo cajado mágico foi usado para transformar as águas do Egito em uma enchente vermelha e malcheirosa, bem como para criar pragas de rãs pegajosas e mosquitos amolantes por todo o reino do faraó.

A presença de Moisés e de Aarão na corte do faraó foi realmente espetacular. Além dos relatos bíblicos, as *Legends of the Jews* contam que Moisés e Aarão temiam o encontro com o faraó. De repente, o anjo Gabriel apareceu a eles e guiou os dois irmãos – passando no meio de todos os guardas – até o palácio. Apesar da pesada punição aos guardas por sua negligência, o mesmo processo se repetiu na visita seguinte. Moisés e Aarão conseguiram aparecer diante do trono do faraó, sem sofrerem o menor inconveniente. Na verdade, devem ter impressionado o prepotente governante do Egito, pois "pareciam-se com anjos, seus semblantes refletindo e brilhando como o Sol, as pupilas de seus olhos eram como o fulgor da estrela da manhã, suas barbas eram como tiras de palmeira e, quando falavam, chamas saíam de sua boca".[19] Realmente, uma montagem de palco muito bem engendrada.

Tudo se passou conforme fora escrito. Moisés, com o apoio de seu irmão Aarão e dos truques mágicos de seu Deus, triunfou sobre todas as intrigas do faraó. O bom Senhor inclusive encobriu o Egito inteiro de trevas e, misteriosamente, matou todos os primogênitos dos egípcios. No fim, o faraó desistiu e deixou os israelitas partirem. E o que fizeram eles?

Reclamavam constantemente e perturbavam Moisés, Aarão e seu novo Deus. Por que agiam assim? Deus não havia realizado milagres inacreditáveis diante de seus olhos? Será que os israelitas ainda

---
19. Ginzberg, Louis. *The Legends of the Jews*, vol. III. Filadélfia, 1968.

não confiavam na magia Dele? De acordo com a Bíblia, caminhavam na grande jornada 600 mil pessoas, além das crianças. Juntaram-se a eles também um grande número de estrangeiros.

Grande multidão de estrangeiros de todo tipo seguiu com eles, além de grandes rebanhos, tanto de bois como de ovelhas e cabras (Êxodo 12, 37-8).

Mesmo que a cifra de 600 mil seja exagerada, ou citada apenas por escribas posteriores, a viagem deve ter sido muito bem organizada. E para que aquela massa tão grande de pessoas não perdesse o rumo, "Durante o dia o Senhor ia adiante deles, numa coluna de nuvem, para guiá-los no caminho, e de noite, numa coluna de fogo, para iluminá-los, e assim podiam caminhar de dia e de noite" (Êxodo 13, 21). Nesse ínterim, os egípcios descobriram que haviam sido roubados pelos israelitas, e o faraó enviou seus exércitos atrás deles. Hora, então, do próximo milagre. "E o anjo de Deus, que ia adiante deles, se pôs atrás; e a coluna de nuvem que ia à frente também se colocou atrás deles". Por fim, o Deus israelita abriu um trecho do mar para, depois, afogar todas as forças egípcias, com seus cavalos e carruagens: "As águas voltaram e encobriram os seus carros de guerra e os seus cavaleiros, todo o exército do faraó que havia perseguido os israelitas mar adentro. Ninguém sobreviveu" (Êxodo 14, 28). Finalmente, os israelitas creram em seu Deus e no seu servo, Moisés. Essa fé, porém, não duraria muito.

Por que ninguém em nossa sociedade pergunta que tipo de Deus encontramos nessa história? Ele tem preferência por determinado grupo étnico que sequer acredita Nele! As pessoas são manipuladas com truques de magia, e parece que não importa o fato de os opositores somente se defenderem ao descobrir que foram roubados. Os primogênitos dos egípcios são mortos, entre os quais milhares de crianças inocentes. Uma coluna estranha, às vezes com aspecto de nuvem reluzente, outras vezes como fogo assustador, se coloca à frente dessa incrível procissão, e um exército egípcio é afogado sem que um único soldado tenha puxado a espada. E não podemos ignorar o fato de que a coluna de fogo conduziu os egípcios *deliberadamente* para a destruição.

Claro que para Deus nada é impossível, e Ele pode fazer o que quiser com suas criações; no entanto, deveria ser um modelo para os humanos e não passar mandamentos que Ele mesmo não segue. Além do mais, toda a questão das pragas sobre o Egito me parece fictícia ou indigna do criador onipotente do universo. O Alcorão, a escritura sagrada dos muçulmanos, declara laconicamente: "Se ele [Alá] decide algo, basta dizer: que assim seja – e será" (Sura 2, versículo 117). Vejo a situação da mesma forma.

Podemos presumir que após todos esses sortilégios e milagres com os quais Deus demonstrou seu poder aos egípcios, bem como aos israelitas, a paz finalmente reinaria, e todos saberiam quem é que mandava. Mas não foi o que aconteceu. Os filhos de Israel continuam resmungando e murmurando contra seu Deus (Êxodo 15, 24 ou 16, 2). Ainda não se convenceram de que estão lidando com um ser todo-poderoso. O próprio Senhor parece notar isso, pois resolve se mostrar ao povo teimoso:

"Enquanto Aarão falava a toda a comunidade, todos olharam em direção ao deserto, e *a glória do Senhor apareceu na nuvem*" (Êxodo 16, 10).

Logicamente, humanos e animais necessitam de água e comida no deserto. O Senhor proporcionou tudo. Fez fontes jorrarem e, à noite, grandes revoadas de codornizes caíram no chão. E todas as manhãs, "havia algo no chão como que um orvalho". Os israelitas não sabiam o que era, mas Moisés, instruído anteriormente por Deus, ensinou-lhes. Aquela substância era maná, ou pão celestial enviado por Deus. O único aborrecimento era que esse pão celestial estragaria rapidamente se não fosse consumido logo. Derretia como manteiga no calor (Êxodo 16, 20-21). Ora, o que é maná?

As discussões acadêmicas em torno disso se estendem há séculos. De modo geral, deduz-se que o maná era a secreção do inseto escamoso *Coccus manniparus*, que vive da tamargueira *Tamarix mannifera*. Os sumos da planta da tamargueira são ricos em carboidratos, e tudo o que não é absorvido pelos insetos é excretado na forma de gotas transparentes que se solidificam em pequenos glóbulos brancos no ar. Esses glóbulos contêm frutose e pequenas quantidades de pectina (como a usada no preparo de geleias). Essa substância é coletada por formigas e depositada em seus formigueiros. Os beduínos ainda usam esse tipo de maná como substituto do mel, até hoje. Chamam-no de *man*.

Apesar de certa semelhança entre a substância descrita e o maná bíblico, a primeira parece não possuir algumas características do alimento que Moisés tornou famoso. O *man* não contém proteína, enquanto o maná no livro do Êxodo é descrito por Moisés como "pão" e um nutriente básico. O *man*, por sua vez, somente é encontrado durante alguns meses e em quantidades pequenas, de modo que um povo vagando pelo deserto jamais teria aproveitado uma quantidade suficiente. Outros pensam que o maná corresponde à espécie de líquen conhecida como *Aspicilla esculenta*. Esse líquen, porém, prolifera em paisagens de tundra e nas planícies alpinas, sendo raramente encontrado no deserto. Já o maná era uma substância abundante todos os dias, sempre disponível e fresca.

Uma terceira solução ao problema do maná foi publicada na revista *New Scientist*, na primavera de 1976.[20] Posteriormente, os autores britânicos George Sassoon e Rodney Dale publicaram sua pesquisa em um livro.[21] A sugestão dos dois ingleses é tão fascinante e convincente que quero resumi-la aqui.

Entre os textos enaltecedores e enigmáticos dos antigos judeus, encontramos não apenas os livros da Torá ou *midrashim*, mas também da Kabbala, que é uma coletânea de escritas secretas antigas. A Kabbala tornou-se um termo coletivo para os ensinamentos esotéricos do Judaísmo. O termo deriva do hebraico *QBLH*, *Qabalah* ("aquilo que se recebe"). Parte desse compêndio de misticismo judaico se encontra nos três livros do *Sepher-ha-Zohar* (o Livro do Esplendor), supostamente escrito por Simon bar Jochai, no século II. As versões modernas da Kabbala foram transcritas de textos antigos pelo espanhol judeu Moses Ben Shemtob de Leon (século XIII). A versão em latim, *Kabbala Denudata* (1644) e a versão em inglês *The Kabbala Unveiled* (1892) se originam das mesmas

---

20. Sassoon, George e Dale, Rodney. "Deus est machina?", in *New Scientist*, abril de 1976.
21. Sassoon, George e Dale, Rodney. *The Manna Machine*. Londres, 1978.

fontes, principalmente dos *Cremona Codes* (1558) aramaicos. No livro *Zohar* da Kabbala (subdivisão *Hadra Zuta Odisha*), cerca de 50 páginas são dedicadas à arca da aliança, que Moisés teve de construir de acordo com as instruções de Deus. A maneira de dar ordens no *Zohar* é mais ou menos idêntica à narrativa em Êxodo capítulo 25, versículos 10 em diante. Mas, de repente, as coisas começam a ficar um tanto estranhas. No *Zohar*, Moisés deve construir não só a arca, mas também um objeto ou uma criatura com o nome peculiar de "Ancião". Tanto a arca quanto o "Ancião" foram colocados na tenda ou recinto sagrado e levados pelos israelitas em sua longa jornada. Montar e desmontar esses objetos era algo que apenas sacerdotes devidamente treinados sabiam fazer: os levitas. O que diz o *Zohar* sobre esse "Ancião"? Eis uma seção curta e intrigante (do versículo 51 do *Hadra Zuta Odisha*):

O crânio superior é branco. Dentro dele não há começo nem fim. A parte oca para os sucos é estendida e usada para o fluxo... A partir dessa parte oca para os sucos do crânio branco, cai diariamente o orvalho na parte em forma de rosto... E sua cabeça se enche. Dessa parte em forma de rosto, o orvalho segue até um campo de maçãs [ou fole]. E o campo inteiro de maçãs flui com esse orvalho. O Ancião é misterioso e oculto. E a sabedoria superior se oculta no crânio, que foi encontrado [ou visto]. E de lá até aqui, o Antigo nunca foi aberto... E não há um único filho do Homem que conheça tal coisa. [Ele não é compreensível a ninguém.]... Três cabeças são ocas. Esta está em uma e aquela acima de outra... E todos os seus cabelos e cordões são ocultos e lisos, dentro de um invólucro. E o pescoço não pode ser visto por inteiro... Há uma trilha, que se estende até a divisão dos cabelos, a partir do cérebro...

E o texto se estende, nesse mesmo estilo, por várias páginas. Tem-se a impressão de um palavreado infantil. Entretanto, o linguista George Sassoon conseguiu compreender o aparente quebra-cabeça. Sassoon é capaz de ler aramaico e encontrou significado para vários termos incompreensíveis. O que seria esse "Ancião", com várias cabeças, cordões, orvalho, crânios especiais e fontes de luz na barriga? De acordo com a descrição no livro de *Zohar*, esse Ancião consistia em partes de macho e fêmea. Essas duas partes podem ser separadas e limpas pelos sacerdotes levitas. Peculiar. Como uma coisa divina pode ser desmontada e remontada? George Sassoon decifrou algumas das notas de margem e logo percebeu que a descrição não é de um ser vivo, mas de uma máquina. Esse aparelho produzia algo que se tornava disponível e sempre fresco diariamente. Seria o maná?

Foi nesse momento que Sassoon solicitou a ajuda de um biólogo. Rodney Dale é biólogo e, assim, conseguiu traduzir processos biológicos confusos em termos tecnológicos. Por fim, Martin Riches, ilustrador científico, se juntou aos dois e, logo, o Ancião dos Dias foi revelado como uma máquina bioquímica.

O intrigante texto da Kabbala resulta em uma revelação espantosa: o Ancião tinha dois crânios, um acima do outro; ambos se localizavam dentro de um crânio externo. O crânio superior continha o cérebro superior, onde era destilado orvalho. Já o crânio inferior continha o óleo divino. O Ancião tinha quatro olhos, um dos quais cintilando muito de seu interior; os outros três tinham um brilho mais fraco, da esquerda para a direita, preto, amarelo e vermelho. Como é apropriado para um Ancião, ele tinha uma barba volumosa em 13 variações. De seu rosto cresciam pelos, bem como da parte mais baixa do rosto. Eram pelos macios, pelos quais passava o óleo sagrado.

Havia também um "crânio pequeno" (o de rosto pequeno), no qual se desenvolvia fogo de um lado e ar do outro. Uma espécie de óleo fluía do crânio superior para o inferior, lá mudando de branco para vermelho. Algo "como mel" escorria através dos "cordões", descendo até um testículo. Quando um testículo se enchia, o transbordo de mel escorria para o segundo testículo. O testículo esquerdo se esvaziava por meio do "pênis", até ficar limpo; o testículo direito só se esvaziava no Sabá, sendo limpo no dia seguinte. O que era tudo isso, afinal?

A parte superior do Ancião era simplesmente um dispositivo de destilação com uma superfície de resfriamento corrugada, sobre a qual o ar era passado e a água, condensada. Os "cordões" eram linhas condutoras, que permitiam a passagem de água até um contêiner com uma fonte forte de luz. Essa luz irradiava uma cultura de algas – possivelmente do tipo *Chlorella*. Existem dezenas de espécies de *Chlorella*, cujo equilíbrio entre proteína, carboidrato e gordura pode ser alterado de acordo com as condições da cultura. A cultura de algas circulava em um sistema de canos que possibilitavam uma troca de oxigênio e dióxido de carbono com a atmosfera e deixavam escapar o calor excessivo. A massa viscosa de *Chlorella* era conduzida a outro contêiner, onde era tratada de modo que hidrolisava parcialmente a massa em maltose que, por sua vez, era aquecida levemente para produzir o gosto de bolo de mel. Exatamente conforme descrito em Êxodo:

Era branco como a semente de coentro, e seu sabor era como bolo de mel (Êxodo 16, 31).

O produto seco passava para dois receptáculos (os "testículos"). Um desses servia para as necessidades diárias, o outro se enchia aos poucos, proporcionando assim uma reserva para o Sabá. O aparelho não funcionava durante o intervalo semanal do Sabá, e recebia manutenção até estar pronto para o funcionamento novamente no domingo.

Esse maná era um nutriente básico que continha proteína, comparável com a farinha, e podia ser convertido em pães ou alimentos chatos, como panquecas na areia quente do deserto. Era fabricado por meio de uma máquina incrível, de alta tecnologia. A água acumulada na forma de orvalho durante a noite era misturada com porções pequenas da alga *Chlorella*. Quando essa espécie de alga se irradiava, conseguia se multiplicar a uma velocidade inacreditável, em um período de 24 horas. A máquina tinha de entregar um *omer* por dia, a cada família. (Um *omer* era um volume hebraico de medida, equivalente a cerca de três litros.) Havia apenas umas 600 famílias para serem alimentadas; portanto, a produção da máquina de maná devia ser em torno de 1,5 metro cúbico por dia. O que aconteceu, enfim, com a miraculosa máquina de maná?

Os sacerdotes levitas eram os únicos que conheciam o processo de manutenção e limpeza do aparelho. O irmão de Moisés, Aarão, era o chefe dos levitas e recebeu suas instruções diretamente de Deus. Quando a máquina deixou de ser devidamente cuidada, o alimento celestial não foi mais entregue. O profeta Josué lamenta tal fato: "No dia seguinte, quando começaram a comer os produtos da terra, o maná parou de cair" (Josué 5, 12). Após a queda de Jericó, o aparelho foi guardado em um lugar chamado Silo (1 Samuel 4, 3).

Posteriormente, os filisteus capturaram a máquina e a arca da aliança. Segundo Sassoon e Dale, a arca já não era mais um gerador (fornecendo energia) para a máquina de maná. Na verdade, o Ancião e a arca eram sempre colocados lado a lado na tenda sagrada (1 Samuel 6-8). Não é surpresa o fato de que quando não havia a manutenção correta, a arca causava acidentes fatais, mesmo entre os especialistas levitas (1 Samuel 5, 11-12 ou 2 Samuel 6, 3-7). Os filisteus, por outro lado, que haviam levado a máquina, não tinham ideia de como operar a arca nem o Ancião. Muitos morreram de doenças terríveis porque se aproximaram demais do monstro tecnológico. Apavorados, os filisteus enviaram o produto de seu furto de volta a Israel, sem fazer qualquer exigência. O rei Salomão (o Sábio) tinha no templo um santuário especial para abrigar a arca e a máquina de maná. Nenhuma das duas já funcionava, e nem Salomão nem Davi foram capazes de reativar os processos mágicos. No fim, um filho de Salomão roubou partes da máquina e as levou à sua mãe, a rainha de Sabá. Vemos detalhes disso no Livro dos Reis Etíopes.[22]

Qual é a situação hoje? Os restos supostamente se encontram nas profundezas do solo sob a catedral de Maria, na cidade etíope de Axum.

Seria fácil rir dessa reconstrução da máquina de maná na Kabbala, mas a ideia é brilhante e ilustrada de forma bela e científica. Muitas peças do quebra-cabeça não são encontradas na Bíblia, embora a "Palavra de Deus" ofereça várias dicas que nos fazem pensar. Quem notou, por exemplo, que o transporte da arca exigia dois carros? Assim lemos em 2 Samuel, capítulo 6, versículo 3:

Carregaram a arca de Deus numa carroça... Oza e Aio, filhos de Abinadab, conduziam a carroça nova.

---

22. Kebra Negest, 1. Abt.: *Die Herrlichkeit der Könige. Abhandlungen der Philosophisch-Philologischen Klasse der Königlich Bayerischen Akademie der Wissenschaften*, Bd. [Kebra Neges, 1ª seção: *The Splendour of the Kings. Treatises by the Philosophical-Philological class of the Royal Bavarian Academy of Sciences*, vol. 23.]

Esse mesmo Oza morreu – "Deus o eliminou por seus erros" – quando tocou a arca durante o transporte e ela foi balançada pelos bois. Punição divina? Por quê? Só porque ele tentou fixar melhor a arca e não deixá-la cair?

Existem vários enigmas em torno da arca da aliança, mesmo para os teólogos. Em primeiro lugar, Moisés teve de construir uma caixa ou cesto estranho de acordo com as instruções exatas de Deus (Êxodo 25, 10). Essas instruções não foram apenas verbais, como também o bom Senhor possuía os originais:

Faça tudo de acordo com o modelo que foi mostrado a você no alto da montanha (Êxodo 25, 40).

O propósito dessa caixa estranha também é polêmico. O teólogo Rainer Schmitt acredita que a arca "é um receptáculo de uma pedra sagrada".[23] Tal ideia é contradita pelo famoso teólogo Martin Dibelius, segundo o qual se trata de um "trono vazio, portátil, de Deus, ou um veículo com rodas de Deus sobre o qual era posta a efígie de Deus".[24] O teólogo R. Vatke tem ainda outra visão. Ele crê que não existe "nada dentro da arca, porque Deus vivia lá".[25] Harry Torczyner achava que as tábuas dos mandamentos eram transportadas na arca.[26] Novamente questiona Martin Dibelius. Há passagens na Bíblia que mencionam a arca: "Partiram, então, da montanha do Senhor e andaram durante três dias. Durante todo o tempo, a arca da aliança ia na frente, providenciando um local onde eles pudessem descansar" (Números 10, 33). O Senhor não sabia de antemão onde os israelitas deveriam acampar? E assim por diante! O tema não se esgota.

---

23. Schmitt, Rainer. *Zelt und Lade als Thema alttestamentlicher Wissenschaft* [*The Tent and the Ark of the Covenant as Subjects of Old Science*]. Güttersloch, 1972.
24. Dibelius, Martin. *Die Lade Jahves – eine religions-geschichtliche Untersuchung* [*The Ark of Jehovah – A Religious-Historical Investigation*]. Göttingen, 1906.
25. Vatke, R. *Die biblische Theologie – wissenschaftlich dargestellt* [*Biblical theology – scientifically presented*]. Berlim, 1935.
26. Torczyner, Harry. *Die Bundeslade und die Anfänge der Religion Israels* [*The Ark of the Covenant and the Beginnings of the Religion of Israel*], 1930.

Quem se der ao trabalho de mergulhar na obra de mil páginas de Otto Eissfeldt sobre teologia, enxergará logo uma inferência acerca do assunto.[27]

A arca era um objeto perigoso e letal. Não lemos tal coisa na Bíblia; os estudiosos da Torá também sabem disso. O filósofo e matemático Lazarus Bendavid (1762-1832), antigo diretor de um colégio judaico, escreveu, há cerca de 150 anos:

... a cabana sagrada de Moisés devia conter um aparelho relativamente completo, incorporando instrumentos elétricos. Segundo os talmudistas, entrar no Santo dos Santos era sempre uma situação de perigo mortal. O sumo sacerdote realizava seus serviços com certo grau de temor e se considerava afortunado quando de lá saía em segurança.[28]

Mas que tipo de Deus – e esta é a pergunta central neste capítulo – ordenaria a seus servos mais importantes (Moisés e Aarão) que lhe construíssem uma caixa específica, da qual já existia uma original? Que Deus lhes mandaria desmontar um "Ancião" e limpá-lo? Que Deus mandaria transportar um aparelho extremamente perigoso, que comprovadamente já causara várias mortes? Será que o Espírito onipresente do Universo exigia mesmo tamanho drama? Pode-se argumentar que tudo isso é questão de interpretação e que Deus apenas queria que os humanos acreditassem Nele plenamente. Mas esse é justamente o problema.

Devemos acreditar passivamente em um Deus cercado de contradições e erros de julgamento? Se esse fosse de fato o propósito de Deus, cada seita teria liberdade para crer em sua *própria* interpretação e sua própria Bíblia. Cada grupo, com intenção sincera, estaria convencido de *sua* visão das Escrituras Sagradas, e de que *sua* tradução era a única correta. Penso que seria contrário à inteligência divina permitir que suas criaturas acreditassem em algo que percebessem não ser possível. O caminho da tal "salvação" certamente não deve incluir um apego a mal-entendidos e absurdos. O espírito criativo

---

27. Eissfelt, Otto. *Einleitung in das Alte Testament* [*An Introduction to the Old Testament*]. Tübingen, 1964.
28. Bendavid, Lazarus, in *Neues Theologisches Journal* [*The New Theological Journal*]. Nürnberg, 1898.

do Universo é, acima de tudo, atemporal e eterno. Esse "espírito" saberia que, em algum momento futuro, suas criaturas inteligentes buscariam novas explicações para as velhas contradições. Se existe mesmo a "salvação" no princípio divino, ela deve ser encontrada na percepção. "Acreditar é um consolo; pensar, um esforço" (Ludwig Marcuse, 1894-1971).

O Deus descrito no Antigo Testamento possui poderes que transcendiam tudo o que os seres humanos conheciam naquela época. Como sabemos em nossos dias atuais, um grupo de pessoas tecnologicamente inferior vê qualquer arma avançada como magia. Escrevi um livro a respeito disso (ver nota 9). O mesmo se aplica ao Antigo Testamento. Vemos lá uma batalha entre os israelitas e os amalecitas. Moisés manda seus guerreiros lutar sob a liderança de Josué, enquanto ele, junto a Aarão e Hur, escala uma colina nas proximidades. Para quê?

Enquanto Moisés ficava com as mãos levantadas, Israel vencia; quando ele abaixava as mãos, Amalec vencia. Ora, as mãos de Moisés já estavam pesadas; então eles pegaram uma pedra e a colocaram aí, para que Moisés se assentasse. Enquanto isso, Aarão e Hur sustentavam os braços de Moisés, um de cada lado. Desse modo, as mãos de Moisés ficaram firmes até o pôr do sol (Êxodo 17, 11-12).

Os israelitas venceram a batalha e o bom Senhor disse a Moisés que ele apagaria "a memória de Amalec debaixo do céu". (Êxodo 17, 14). Em outras palavras, iria dizimá-los.

Que situação! Por falta de evidências, não sabemos que tipo de arma Moisés usou desde seu ponto estratégico sobre a colina, mas devia ser algo pesado. Seus confidentes mais próximos tinham de ajudá-lo, segurando seus braços. E seus inimigos foram totalmente aniquilados. Isso é divino?

O clímax absoluto dos encontros entre Moisés e seu Deus ocorre nos capítulos 19 e 20 do Êxodo. Primeiro, Moisés sobe ao "topo do monte". O Senhor lhe dá a ordem de dizer a seu povo que este tinha visto o que ele fizera com os egípcios e como os carregou "sobre asas de águia e os trouxe para mim". Por causa disso, a partir dali, o povo deveria escutar somente a voz dele e preservar a aliança."Serão minha propriedade especial entre todos os povos, porque a terra toda pertence a mim" (Êxodo 19, 5). Nem vale a pena perguntar por que o espírito criador do Universo desejaria uma "propriedade". Vendo que o povo indeciso ainda hesitava, o Senhor resolve: "Vou me aproximar de você numa nuvem espessa para que o povo possa ouvir o que eu falo com você e acredite sempre em você" (Êxodo 19, 9).

Por fim, o Senhor declara que descerá ao monte Sinai diante de todo o povo, dali a dois dias. Mas parece que isso não é possível, pois Moisés precisa, antes, montar uma barreira em volta da montanha.

Você deverá traçar um limite ao redor da montanha e dizer ao povo que não suba à montanha, nem se aproxime da encosta; quem tocar na montanha deverá ser morto. E nesse tal ninguém deverá tocar: ele será apedrejado ou flechado; tanto homem como animal, não ficará vivo (Êxodo 19, 12-13).

Alguns versículos adiante, vemos instruções adicionais:

"... avise o povo para que não ultrapasse os limites para ver o Senhor. Caso contrário, muitos deles morreriam" (Êxodo 19, 21).

Essa proibição se aplica também aos sacerdotes: "para que o Senhor não se volte contra eles".

Ainda que precisássemos de mais passagens da Bíblia para mostrar que Moisés não falava com o espírito onipresente do Universo, mas com algo diferente, essas frases fornecem a evidência. Por que esse Deus incomparável e único não os protege pessoalmente? Por que necessita de uma barreira em torno da montanha? O Senhor deveria saber que esses seres criados "à sua imagem" eram curiosos. Se por um motivo ou outro, Ele não queria que esses humanos ou animais se aproximassem, por que não colocou um escudo protetor em volta da montanha? Não tinha capacidade para isso? Claro que os teólogos têm outra visão. Sem dúvida, eles tiveram milhares de anos para inventar algo complicado que explicasse o banal. O bom Senhor queria estabelecer uma linha divisória entre o profano e o sagrado, entre o comum e o extraordinário. Os profanos deveriam ficar do lado de fora da área sagrada, ou fora do templo. O interior da área sagrada é a morada do incompreensível, do secreto, do qual os humanos não podem se aproximar, e que, de qualquer forma, eles não compreenderiam. A área ou ambiente sagrado, segundo o dicionário *Brockhaus*,[29] contém o poder infinitamente superior, inatingível, transcendental.

Assim deve ser. Fronteiras sagradas, locais de veneração, existem em todas as culturas e religiões desde o passado mais distante até o presente. Mas quais são as origens desse pensamento? Em Êxodo, o Senhor define as fronteiras em volta da montanha. Não bastaria punir com uma surra aqueles humanos (e animais) que atravessassem o limite? Não era possível impedi-los de vaguear pela área sagrada, por meio de uma barreira intransponível? Evidentemente, em Êxodo, isso não era possível. Por quê? Porque o Senhor desceu sobre a montanha. E como!

Toda a montanha do Sinai fumegava, porque o Senhor tinha descido sobre ela no fogo; a fumaça subia, como fumaça de fornalha. E a montanha toda estremecia... O Senhor desceu no topo da montanha do Sinai (Êxodo 19, 18).

Três dias depois, pela manhã, houve trovões e relâmpagos e uma nuvem espessa desceu sobre a montanha, enquanto o toque da trombeta soava fortemente. O povo que estava no acampamento começou a tremer (Êxodo 19, 16).

E quem não tremeria diante de tal demonstração? Isolar uma área sagrada parecia supérfluo. Agora, finalmente, o povo obstinado parece compreender que o Deus de Israel possuía grandes poderes, que era o verdadeiro Deus e que a palavra de Moisés era a lei absoluta. Essa postura não durou muito. Moisés entrou na nuvem "na qual estava Deus" para receber Dele os dez mandamentos. Todos nós tivemos de aprender esses mandamentos em algum momento de nossas aulas de Educação Religiosa. São regras maravilhosas para os seres viverem em harmonia, e se aplicariam a todas as formas de vida inteligente no Universo inteiro. E a única base para interpretações diversas se encontra nos dois primeiros mandamentos:

O Senhor ordena:

Não tenha outros deuses diante de mim (Êxodo 20, 3).

Por quê? Existiam outros deuses? Certamente, os diversos povos daquela época sem história adoravam muitos deuses da natureza, tais

---

29. *Der Grosse Brockhaus* Wiesbaden, 1954.

como o Sol, a Lua, as estrelas e assim por diante. E também rezavam para ídolos domésticos. Mas deuses, "aqueles que vêm do alto" (os *elohim* do idioma hebraico)? Quem, além do Deus dos Israelitas, descera do céu? Os mais diversos deuses venerados por "outros povos" são descritos em 2 Reis, capítulos 17-21. O Deuteronômio é repleto de destruição brutal daqueles povos que veneravam "outros deuses". O Deus dos livros do Antigo Testamento não tolerava rivais. E deu ordens específicas para que não fossem feitas imagens dele:

Não faça para você ídolos, nenhuma representação daquilo que existe no céu e na terra, ou nas águas que estão debaixo da terra (Êxodo 20, 4).

Isso significa: nem mesmo uma imagem do próprio Deus. Seria impossível, enfim, porque as pessoas nunca viram esse Deus ciumento. Entretanto, elas podiam se deslumbrar, várias vezes, diante da "glória do Senhor", algo que reluzia, produzia sons e ruídos de águas torrenciais, agitava a areia e era, além de tudo isso, extremamente perigoso. Mas o Deus do Antigo Testamento não queria que seu povo fizesse uma imagem dele. Por quê? Não serviria ao misticismo divino os humanos ilustrarem uma coisa tão misteriosa? Será que o Senhor temia que os humanos de um futuro distante identificassem essas ilustrações como algo tecnológico?

Não sabemos, pois, afinal de contas, tudo se tornou uma questão de interpretação, ou apenas uma visão de uma época diferente. Hoje, as coisas descritas no Antigo Testamento dão uma ideia bastante clara do que estava acontecendo. Isso, porém, também devia ser óbvio para um Deus onipresente, com sua compreensão atemporal. Não podemos ignorar tal detalhe se considerarmos a atemporalidade um atributo da natureza de Deus.

A descida da glória do Senhor teria ocorrido no monte Sinai, ou Jebel Musa (montanha de Moisés). A montanha encheu-se de fumaça "como uma fornalha". Podem tais afirmações ser verificadas? Não seriam encontradas rochas carbonizadas ou até derretidas em torno da montanha? A montanha toda "tremia". Tal acontecimento teria deixado traços. Além disso, a descida foi descrita como perigosa e ninguém tinha permissão de atravessar a fronteira sagrada. Seria possível medir esse sortilégio com instrumentos modernos?

Em princípio, seria possível, mas ninguém se importa. Jebel Musa localiza-se na península de Sinai, atual Egito, e costuma ser visitada por turistas. A montanha em si parece um deserto seco com fendas profundas. Um contador geiger comum proporcionaria, no máximo, medições vagas de radioatividade. Mas quem disse que o perigo era de natureza radioativa? Ninguém sabe em que ano o Senhor teria descido sobre a montanha. Os teólogos afirmam que sabemos as datas referentes a Moisés e que a cronologia do Antigo Testamento foi determinada com precisão. Infelizmente, isso não é verdade. A cronologia do Antigo Testamento é permeada de contradições e se baseia em nada mais que fantasias contemplativas. Para encontrarmos evidências das contradições na montanha de Moisés, precisaríamos saber o período em que ocorreram os eventos e, em seguida, utilizar instrumentos de medição bem diferentes de um contador geiger comum.

Por outro lado, os estudiosos sequer têm certeza de que o bom Senhor de fato "desceu" sobre Jebel Musa. O arqueólogo italiano, doutor Immanuel Anati, acha que o evento dramático aconteceu, na verdade, sobre a montanha chamada Har Karkom, atual região sul de Israel. Uma visão diferente é a do arqueólogo britânico Lawrence Kyle, que identifica a atual Hallat-al-Bedr, na Arábia Saudita, como a montanha sagrada. O professor doutor Kamal S. Salibi, em seu livro interessantíssimo e muito bem pesquisado, demonstra que toda a história de Moisés jamais teria ocorrido na península de Sinai, mas sim na Arábia Saudita.[30] Como, enfim, se chegou a tudo isso?

Todos sabem que os israelitas atravessaram o Jordão várias vezes em suas jornadas. Achamos que a referência é ao pequeno rio Jordão. Na realidade, porém, o Jordão é uma cadeia de montanhas na província de Asir, Arábia Saudita. Todos sabem que Moisés libertou seu povo da escravidão no Egito. No fim, o Senhor destruiu o exército egípcio. O curioso é que nenhuma inscrição ou tradição egípcia mostra o menor traço de israelitas cativos, tampouco insinua um êxodo ou a destruição de um exército egípcio. Nem mesmo o historiador grego

---

30. Salibi, Kamal. *Die Bibel kam aus dem Lande Asir* [*The Bible Originated in the Land of Asir* (Saudi Arabia)]. Reinbek bei Hamburg, 1985.

Heródoto, que passou muito tempo no Egito e registrou minuciosamente fatos e datas da história daquele país, soube coisa alguma a respeito de Israel, ou de uma tribo de hebreus em cativeiro no Egito, ou um êxodo, muito menos de uma destruição "divina" do exército egípcio. Lemos sobre as trombetas de Jericó, que derrubaram as muralhas da antiga cidade. Há muito tempo, os arqueólogos sabem que o evento narrado pelo profeta Josué jamais poderia ter ocorrido em Jericó da atual Palestina, segundo evidências de datação.

Os teólogos que acreditam na Bíblia distorceram os fatos para que se encaixassem na história do Antigo Testamento e a tornassem acreditável. Cada vez que uma ruína, inscrição, poço, pastoreio ou fragmento de tecido era encontrado na Palestina, imediatamente os detalhes da descoberta eram convertidos em supostas provas da veracidade da Bíblia. Os verdadeiros acontecimentos foram investigados em um artigo importante na revista *Der Spiegel*, a respeito de três obras sobre arqueologia bíblica: "Os três volumes eram repletos de pseudorrevelações arqueológicas".[31] Muito pouco no livro do Êxodo se encaixa com a Península do Sinai; mas, por outro lado, há muito que combina com os nomes das montanhas e das tumbas.

Cento e trinta quilômetros ao sul da cidade de Taif (Arábia Saudita, província de Asir) fica Jebel Ibrahim (2.595 metros), a montanha de Abraão. Mais 150 quilômetros ao sul, deparamos como a terra natal de Salomão: Al Suleiman. No topo de Jebel Shada, encontram-se os restos de um altar da Idade da Pedra, com inscrições indecifráveis: *Musalla Ibrahim* – o local de orações de Abraão. A sudeste de Abha (Asir), localiza-se Jebel Harun, a montanha de Aarão. Muitos dos pais fundadores e profetas do Antigo Testamento estão enterrados nas montanhas da Arábia Saudita e do Iêmen, país fronteiriço. Até 1950, turistas eram conduzidos até as tumbas de Caim e Abel, em Jebel Hadid. A tumba do patriarca Jó fica no pico central de Jebel-Hesha, norte do Iêmen; e o santuário do profeta Hud ainda é considerado um dos templos árabes mais sagrados. Fica ao norte de Tarim, nas montanhas Hadramaut. Apesar de impressionante, nada disso seria tão importante se tantas gerações de pessoas não tivessem

---

31. *Der Spiegel* nº 39/1985: "Hat die Bibel doch nicht Recht?" [Was the Bible Wrong?].

sofrido lavagem cerebral para crer, até hoje, que os eventos do Antigo Testamento se deram em Sinai e na Palestina. Assim, existem numerosas tumbas de profetas em Israel e na Palestina atual, embora esses senhores, segundo a Bíblia, não poderiam ter sido enterrados lá. Moisés é um exemplo. Em Deuteronômio, capítulo 34, o Senhor diz que essa era a terra que Ele prometeu dar a Abraão, Isaac e Jacó, "... mas você não atravessará até ela... E Moisés, servo do Senhor, morreu aí mesmo, na terra de Moab... Até hoje, ninguém sabe onde fica a sepultura dele" (Deuteronômio 34, 4-5).

Então, por que mais de 100 mil pessoas fazem todos os anos uma peregrinação à tumba de Moisés na Palestina? Certa vez, o sultão Saladin sonhou que Alá lhe trouxera os restos mortais de Moisés, retirados de uma tumba desconhecida, para a Palestina. Esse sonho foi suficiente para ele construir um santuário com um túmulo para Moisés. Em 1265, o sultão Baibars mandou construir uma mesquita sobre o túmulo, e, no século XV, os mamelucos erigiram um *hostel* esplêndido ao lado, com 400 cômodos. Atualmente, a tumba de Moisés é um dos grandiosos locais de peregrinação do Islã – mas Moisés não está ali. Assim são as coisas: com as descrições do Antigo Testamento contradizendo a dura realidade. O local da tumba de Aarão também é tema desses jogos de confusão. Jebel Harun, com a tumba, encontra-se a 2.100 metros de altitude, a sudeste de Abha (Arábia Saudita, perto da cidade provincial de Asir). Um segundo sepulcro é encontrado no topo de uma montanha chamada Ohod, perto de Medina.[32] Uma terceira tumba em Moseroth, atual Israel, e o quarto local de descanso de Aarão está no topo de uma montanha perto da cidade de Petra, Jordânia. Visitei essa tumba muitos anos atrás.[33] Segundo a Bíblia, Aarão morreu no topo do monte Hor:

A comunidade dos filhos de Israel levantou acampamento em Cades e chegou ao monte Hor. O Senhor disse a Moisés e Aarão, perto do monte Hor, na fronteira da terra de Edom: "Aarão vai se reunir com seus antepassados e não entrará na terra que eu vou dar aos filhos

---

32. Wüstenfeld, Ferdinand. *Geschichte der Stadt Medina* [*A History of Medina*]. Göttingen, 1860.
33. Von Däniken, Erich. *Wir alle sind Kinder der Götter* [não disponível em inglês]. Munique, 1987.

de Israel, porque vocês foram rebeldes às minhas ordens na fonte de Meriba. Tome Aarão e seu filho Eleazar e faça-os subir o monte Hor. Tire as vestes sacerdotais de Aarão e vista com elas o filho dele, Eleazar, pois Aarão se reunirá com seus antepassados e morrerá aí".

Moisés fez conforme o Senhor havia ordenado, e subiram ao monte Hor, diante de toda a comunidade. Moisés tirou as vestes sacerdotais de Aarão, e com elas vestiu o filho dele, Eleazar. Aarão morreu aí, no alto do monte. Moisés e Eleazar desceram do monte, e toda a comunidade viu que Aarão tinha morrido. E toda a casa de Israel chorou por Aarão durante trinta dias (Números 20, 22 em diante).

Em *Legends of the Jews* (ver nota 19) ,encontramos uma versão diferente da morte de Aarão. No monte Hor, uma caverna se abriu de repente e Moisés convidou seu irmão para entrar nela. Moisés disse que seria tolice entrar em uma caverna empoeirada com trajes de sacerdote e, assim, Aarão tirou as roupas. Moisés imediatamente as entregou a Eleazar, e Aarão entendeu que aquele seria o local de sua morte. Nu, diante da caverna, Aarão viu oito peças de roupas divinas flutuar e cobrir sua nudez. Nas lendas, tudo é possível. Nesta, o leito de morte de Aarão voa pelo ar e Aarão morre com um beijo de Deus. O Islã tem uma visão um pouco diferente:

Mousa e Haroun [Moisés e Aarão] certa vez encontraram uma caverna de onde saía uma luz. Entraram nela e se depararam com um trono de ouro com a inscrição: Preparado para quem nele couber. Mousa achou que era pequeno demais para ele, e Haroun, então, se sentou. Imediatamente, o anjo da morte apareceu e recebeu sua alma. Ele tinha 127 anos.[34]

Não faz muito sentido procurarmos as tumbas dos veneráveis patriarcas e profetas bíblicos na Terra Santa. Tais túmulos existem, mas os grandes e reverenciados homens da Bíblia não se encontram lá. Outro exemplo sintomático do caos criado pelos muçulmanos, indivíduos que acreditam na Torá e na Bíblia, é a tumba do lendário Abraão. Sua esfera de ação era o lugar chamado Mambré, dois quilômetros ao norte da cidade de Hebrom, atual Israel. Essa região montanhosa é cenário clássico de todas as histórias sobre Abraão,

---

34. *Enzyklopädie des Islam,* band II [*Encyclopedia of Islam*, vol. II]. Leiden; Leipzig, 1927.

onde fenômenos inacreditáveis teriam ocorrido, milhares de anos atrás. Segundo a Bíblia, Abraão assentou-se ali com seus rebanhos e tendas, e erigiu um altar para Deus. A partir de lá, ele perseguiu os guerreiros da Babilônia com 318 de seus servos, a fim de libertar Ló e sua família. Mambré também foi o local do memorável encontro entre Deus e Abraão, pois foi lá que o Senhor lhe prometeu que seus descendentes seriam tão numerosos quanto as estrelas no céu. Por fim, foi em Mambré que Deus exigiu circuncisão ritual. Abraão, que aos 99 anos estava além do bem e do mal, deu o exemplo e permitiu que lhe cortassem o prepúcio – juntamente com seu filho de 13 anos, Ismael.

Os dias deviam ser agitados, muito, muito tempo atrás, em Mambré. Um dia, Abraão se sentava diante de sua tenda, quando apareceram três estranhos. Hospitaleiro como era esse pai fundador, ele mandou sacrificar um bezerro e acolheu generosamente seus visitantes com uma refeição. Seu filho [Ismael] notou que os forasteiros "não eram descendentes da natureza dos homens da terra".[35] No Testamento de Abraão, uma antiga tradição judaica, os visitantes são descritos como "homens do céu", que desceram à terra e depois voltaram.

Ora, a Bíblia nos conta que Abraão comprara um terreno com uma caverna "diante de Mambré" por quatro quilos de prata (Gênesis 23, 16-17). Lá, ele e sua esposa Sara foram sepultados. Seu filho Isaac e a esposa dele, Rebeca, e seu neto, Jacó, com suas esposas, Lia e Raquel, também deveriam ser enterradas ali, claro.

Mas nada é tão simples. Em Deuteronômio, capítulo 34, o Senhor diz que essa é a terra que prometera a Abraão, Isaac e Jacó, mas ele, Moisés, não deveria entrar nela.

Por que ninguém questiona tal absurdo? Como o Senhor pode prometer a Abraão uma terra que seus descendentes obteriam no futuro, se o mesmo Abraão já está nela – Mambré – há anos?

---

35. Janssen, Enno. "Testament Abrahams" in *Unterweisung in lehrhafter Form. Jüdische Schriften*, band II ["The Testament of Abraham", in *Lesson in Easy Steps. Jewish Texts*, vol. II]. Gütersloh, 1975.

E o que significa essa história do sepulcro da família de Abraão? No centro da cidade de Hebrom, vemos hoje em dia a enorme mesquita retangular Haram-al-Ibrahimi, um magnífico local sagrado para muçulmanos, judeus e cristãos. Há criptas de ambos os lados da seção mediana, sob as quais, acredita-se, se encontram as tumbas de Isaac e Rebeca. Tecidos verde-folha bordados com escrita arábica podem ser vistos pelas grades de bronze. As palavras nos dizem: "Esta é a tumba do profeta Abraão. Que ele descanse em paz". Quatro pequenas colunas brancas sustentam uma superestrutura de mármore que parece um dossel, coberta por uma placa de madeira escura. No subsolo, dizem que 68 degraus conduzem ao lugar onde está o túmulo de Abraão. Essa mesquita é hoje um dos lugares mais sagrados do Islã. Mas a tumba de Abraão é inacessível. Na época das Cruzadas (séculos XI-XIII), havia uma mesquita islâmica no local. O que existiu em períodos anteriores não se sabe. Os cruzados converteram a mesquita em um mosteiro cristão. Hebrom passou a ser chamada de Cidade do Santo Abraão.

Um dia, um monge rezava ali e sentiu uma corrente vinda de um canto do mosteiro. Foi verificar a fonte dessa corrente, em companhia de seus irmãos. Os veneráveis senhores tatearam as paredes e descobriram um ponto que parecia oco. Removeram uma laje de pedra e encontraram uma caverna. Até então, os monges sabiam apenas pelas tradições árabes que aquele mosteiro fora construído em cima da caverna Macpela, o sepulcro de Abraão. Atravessaram a parede e viram, atrás dela, uma sala circular pequena. Mas não havia sinal de uma tumba.

Um desses devotos exploradores mal pôde crer nessa amarga decepção. Continuou tateando as paredes e descobriu uma pedra em forma de cunha que fora ali inserida. Com muito esforço, retirou a pedra e eis que a parede inteira ruiu. Sob a luz trepidante das tochas, os monges descobriram ossos descorados no chão e, em um nicho, 15 urnas que continham ossos em melhor estado. Nenhum tipo de objeto fora depositado com os restos mortais – não havia inscrições, tecidos ou coisa alguma que apontasse para Abraão e sua família. Cantaram, então, hinos de louvor ao Senhor e, posteriormente, alguns ossos foram vendidos como relíquias de Abraão. "Desde aqueles dias, ninguém mais entrou na caverna Macpela", afirma o viajante e pesquisador dinamarquês Arne Falk-Ronne, que seguia os passos de Abraão.[36] Atualmente não é possível verificar se a descoberta da tumba ocorreu exatamente dessa maneira, ou se os monges e cruzados de fato encontraram algo que apontasse para Abraão. É fato conhecido que muitos objetos foram transferidos da Terra Santa para os mosteiros europeus e o Vaticano na época das Cruzadas. Os muçulmanos que hoje em dia guardam a Mesquita de Abraão se recusam a entrar na tumba, pois Alá puniria qualquer um que ousasse violar o jazigo do pai fundador, deixando o invasor cego. Os judeus ortodoxos também impedem todo e qualquer tipo de pesquisa arqueológica com os mesmos argumentos. Ainda não chegou a hora de decifrar, sem preconceito, esses enigmas. Talvez a pá subitamente desenterrasse surpresas que seriam muito inconvenientes.

Os descendentes de Abraão não permitiriam que sua figura desaparecesse discretamente do interior de seu sepulcro. Afinal de contas, ele foi o progenitor, o pai fundador de todas as gerações seguintes, um dos homens que falava com Deus e seus servos. Portanto, a reverência a ele seria, de fato, profunda. Se os filhos de Abraão realmente o enterraram na caverna Macpela, esse local teria se tornado um lugar de peregrinação para todas as gerações subsequentes, mesmo porque outras cinco pessoas dignas de adoração teriam sido sepultadas com eles, figuras reverenciadas por três religiões mundiais. Mas nada disso é observado em Hebrom. Então, onde Abraão estaria enterrado e por que seu túmulo é desconhecido?

O professor K. Salibi demonstra que tanto Mambré quanto a caverna Macpela se localizam na província de Asir, Arábia Saudita (ver nota 30). O bosque onde se assentou Abraão é "constituído de pequenas acácias e tamargueiras, na região e Namira e Hirban, no interior de Qunfundha". Na mesma região montanhosa, perto de um lugar chamado Maqfala (*mqflh*), encontra-se a caverna dupla de Macpela (*mkplh*). Por que esse sítio importante nunca se tornou um local de peregrinação?

---

36. Falk-Ronne, Arne. *Auf Abrahams Spuren* [*On Abraham's Trail*]. Graz, 1971.

Os israelitas foram atacados pelos babilônios e colocados em cativeiro, espalhados por todas as direções. Os babilônios possuíam deuses muito diferentes. Não conheciam Abraão, que para eles não significava nada e, portanto, não existe nenhuma tumba de Abraão lá. Se interpretarmos a Bíblia literalmente, Abraão gerou, entre outros, Isaac, o mesmo que quase foi sacrificado pelo pai de acordo com as ordens de Deus. A intervenção de um anjo impediu tal feito. Isaac gerou Esaú e Jacó. Esaú, que nasceu antes, seria o herdeiro. Jacó pouco se importava com isso e planejou roubar do irmão seus direitos natos. Quando o idoso Isaac ficou cego e, segundo a tradição, estava prestes a abençoar e reconhecer seu primogênito, sua esposa Rebeca e o segundo filho o enganaram. O velho prontamente abençoou Jacó, em vez de Esaú (Gênesis 27). É compreensível, portanto, que Esaú, privado de sua herança, não quisesse mais contato algum com sua família. De acordo com uma lenda fenícia, Esaú era descendente direto de uma raça de deuses conhecidos como os Titãs, aqueles que "ainda lutavam com as potências celestes".[37] A Bíblia nada fala da morte de Esaú, muito menos de seu sepulcro. Já as pseudoepígrafes do Antigo Testamento, sim.

"Pseudoepígrafe" é o nome dado aos textos que não estão incluídos na Bíblia, mas pertencem ao cabedal de história bíblica. Um desses textos é o "testamento de Judá, o quarto filho de Jacó e Lia". É narrado na primeira pessoa do singular.[38] Judá relata seu nascimento, sua juventude e suas batalhas. É com assombro que lemos sobre a luta de Judá com o gigante Achor, que "lançava raios para a frente e para trás de seu cavalo". Em seguida, o indivíduo narrando a história conta que seu pai, Jacó, vivera em paz com Esaú por 18 anos. Somente quando Esaú exigiu sua herança, levantou-se contra Jacó com um contingente poderoso. Esaú morreu em batalha e foi sepultado nas montanhas de Seir, onde quer que se localizem. Certamente, não

---

37. Lury, Joseph. *Geschichte der Edomiter in biblischen Zeitalter. Inaugural-Dissertation der philosophischen Fakultät der Universität Bern* [*The History of the Edomites in the Biblical Age. Inaugural Dissertation of the Philosophical Faculty of the University of Bern*]. Berlim, 1896.
38. Becker, Jürgen. "Die Testamente der zwölf Patriarchen" in *Unterweisung in lehrhafter Form. Jüdische Schriften*, band III ["The Testaments of the Twelve Patriarchs", in *Lessons in Easy Steps. Jewish Texts*, vol. III]. Gütersloh, 1974.

ficavam na Terra Santa. Lá, porém, em uma aldeia árabe ao norte de Hebrom, os turistas são conduzidos à Mesquita de Si'ir, sob a qual supostamente ficaria o túmulo de Esaú. Aqueles eram tempos confusos, e as histórias da época acabaram sendo subestimadas. A Bíblia é apenas uma dentre várias fontes a respeito desse período histórico. Se a Bíblia fosse histórica, os locais geográficos, as regiões vizinhas e as tumbas dessas figuras heroicas deveriam estar nos lugares certos. Não estão. Abraão, assim como todos os outros patriarcas, não se encontra onde deveria estar.

Segundo as tradições judaicas, teria existido uma cidade chamada Salem (*slm*) na época de Abraão. Essa Salem não pode, contudo, ser a posterior Jerusalém, pois Jerusalém foi fundada por Salomão – ou, pelo menos, é no que acreditamos. Já sabemos que Abraão desfrutava a proteção especial de Deus desde seu nascimento e que Deus "o amava de um modo especial". Essa misteriosa cidade de Salem era governada por um rei chamado Melquisedeque, que não foi fruto de uma concepção humana comum, pois o próprio Deus teria plantado sua semente em Sopranima, mãe de Melquisedeque. (A literatura antiga está repleta de concepções divinas *in vitro*, semelhantes.) Esse mesmo Melquisedeque certa vez conheceu Abraão e "o abençoou". É óbvio que esses eventos confusos por volta da época de Abraão não se encaixam em nenhuma linha de tempo.

Os teólogos cristãos e muitos líderes de comunidades religiosas menores ainda consideram a Bíblia a Palavra de Deus. Essa falta de discernimento faz parte de um sistema. Desde que nascemos, nós, humanos, somos instruídos na fé e incentivados a rejeitar todas as influências estrangeiras. Qualquer dúvida inserida em uma comunidade de determinada fé religiosa era considerada – e ainda é – diabólica! O papa Paulo IV sabia exatamente o que estava fazendo em 1559 – época em que pouquíssimas pessoas sabiam ler – quando compilou uma lista de livros chamada *Index librorum prohibitorum*, um rol de livros proibidos. Esse *Index* foi revogado pelo papa Paulo VI em 1967, mas até hoje as pessoas religiosas não costumam se aprofundar em leituras que questionem sua fé. Minha opinião é que para aqueles indivíduos que têm fé e também senso crítico, que não engolem tudo e têm a coragem de questionar, só a Bíblia em si já é suficiente para deixar os cabelos em pé!

Depois que Moisés recebeu os Dez Mandamentos e toda a população foi testemunha da impressionante visão de Deus descendo sobre a montanha, a falta de fé das pessoas imediatamente retornou. O populacho acampado ao sopé da montanha sagrada se tornou impaciente e começou a moldar um bezerro de joias e toda sorte de metal precioso. Em seguida, começaram a venerar esse ídolo. Parece inacreditável que o próprio Aarão, irmão de Moisés, sumo sacerdote dos levitas, participasse de tal blasfêmia. Compreensivelmente, Moisés "se enfureceu" ao vislumbrar o bezerro de ouro. Quebrou as tábuas com os mandamentos e, sob a ordem de Deus, ordenou que 3 mil pessoas fossem mortas.

"Cada um coloque a espada na cintura. Passem e repassem o acampamento, de porta em porta, matando até mesmo o seu irmão, companheiro e parente." Os filhos de Levi fizeram o que Moisés havia mandado. E nesse dia morreram uns três mil homens do povo (Êxodo 32, 27-8).

O Senhor, que mais uma vez não sabia como os teimosos israelitas reagiriam durante a ausência de Moisés, estava zangado, mas mesmo assim prometeu conduzi-los a uma terra onde corria leite e mel. Ele mesmo, porém, não parecia disposto a seguir caminho com as pessoas. "Mas eu não subirei no meio de vocês, que são um povo de cabeça dura, porque o exterminaria no meio do caminho" (Êxodo 33, 3). Entretanto, parece interessado nas joias: "Por isso, tirem agora as joias que vocês usam, e eu verei o que vou fazer com vocês". Meu reino por uma explicação plausível para o que Deus ia fazer com as joias!

Contudo, Ele colocou um anjo como seu representante, que expulsou os povos que já habitavam a Terra Prometida. "Vou enviar na frente de vocês o meu anjo, para expulsar os cananeus, amorreus, heteus, ferezeus, heveus e jebuseus" (Êxodo 33, 2). Legal!

Antes de prosseguir com a jornada, Moisés armou uma tenda sagrada (o tabernáculo) fora do acampamento e a chamou de "tenda da reunião". Nela, encontramos não só a arca da aliança e o "Ancião", mas também uma estranha coluna de nuvem que se colocava à entrada da tenda sempre que Moisés e Aarão estivessem dentro dela. O Senhor conversava com Moisés na tenda, face a face, "como um homem fala com o amigo". Mas espere um pouco! No mesmo capítulo 33 do Êxodo, vemos exatamente o contrário. Enquanto o versículo 11 nos informa que o Senhor falava com Moisés face a face, como um homem fala com o amigo, os versículos 18, 19 e 20 passam uma impressão muito diferente. Moisés implora a Deus: "Mostra-me a tua glória". E o versículo 23:"... depois tirarei a palma da mão e me verás pelas costas. Minha face, porém, tu não poderás ver".

A mesma rejeição é entendida no épico de Gilgamesh: "Aquele que vislumbrar as faces dos deuses, morrerá".

Será que os humanos ficariam infectados com vírus ou bactérias alienígenas e os deuses seriam incapazes de impedir isso? Ou seria o contrário? Os deuses tinham medo de serem infectados pelos humanos? Era esse o motivo real para os isolamentos sagrados, o pátio frontal do templo e o Santo dos Santos, locais em que somente os sacerdotes tinham permissão de entrar, após várias purificações e boas instruções? Deus em quarentena? Em Números, vemos que as conversas entre Deus e seu servo novamente se dão em termos relativos. Agora Deus somente se comunica com Moisés por meio de uma espécie de alto-falante:

Quando Moisés entrou na tenda da reunião para falar com Deus, ouviu a voz que lhe falava da placa de ouro que cobre a arca da aliança, entre os dois querubins. E Deus falava com Moisés (Números 7, 89).

É querer demais de um simples fiel, diante de tantas contradições. Mais uma vez, as pessoas murmuram contra o Deus delas. Agora é por causa do cardápio sem graça. Moisés teve a ideia não muito sábia de pedir carne a Deus. O senhor prontamente organizou um vento forte, que soprou uma revoada de codornizes através do oceano até caírem ao solo, no acampamento dos israelitas. Devia haver uma quantidade enorme delas, espalhadas pelo acampamento, "Então, no raio de um dia de viagem ao redor do acampamento, o chão ficou coberto delas, formando uma camada de quase um metro de altura" (Números 11, 31). Como era de se esperar, o povo recolheu as codornizes para secá-las e também comê-las logo. Mas "estavam ainda com a carne na boca, sem ter mastigado, quando a ira do Senhor se inflamou contra o povo, ferindo-o com grande mortandade" (Números 11, 33). Por que o Senhor proporcionou quantidades enormes de codornizes, para em seguida punir o povo faminto? Teriam os israelitas, por alguma razão desconhecida, de consumir somente alimentos feitos da substância básica do maná?

Repetidamente, o Deus do Antigo Testamento relembra seu povo de que Ele havia "separado" os israelitas de todos os outros povos (Levítico 20, 24). Por conseguinte, as novas regras são muito diferentes e devem ser seguidas com rigor. Adultério será punido com a morte, tanto para o homem quanto para a mulher. O mesmo se aplica a genro e sogra, e até para a própria esposa e a mãe desta, caso o marido "despose ambas". Essas diretrizes severas aparecem em Levítico, capítulo 20, versículos 10 em diante. Com a mesma atitude sem misericórdia devem ser tratados os necromantes: "O homem ou mulher que pratica a necromancia ou adivinhação é réu de morte. Será apedrejado, e o seu sangue cairá sobre ele" (Levítico 20, 27). Claro que isso não se aplica àqueles que previam o futuro e seriam chamados de profetas. Viviam tendo visões, sendo iluminados ou testemunhando aparições, sem ser sumariamente aniquilados. Regras especiais serviam também para os sacerdotes; hoje em dia, tal procedimento seria considerado discriminação. Qualquer pessoa que tivesse a mais leve deficiência não tinha permissão de se aproximar do altar. O mesmo se aplicava a cegos e mancos, às pessoas com rostos mutilados, ou qualquer um que tivesse "qualquer defeito corporal". Ai daquele que servisse a Deus e tivesse algum defeito ou sofrido algum acidente: "... nenhum de seus descendentes, ... se tiver algum defeito corporal, poderá oferecer o alimento do seu Deus... Ninguém defeituoso, que seja cego, coxo, atrofiado, deformado, que tenha perna ou braço fraturado, que seja corcunda, anão, que tenha defeito nos olhos ou catarata, que tenha pragas pustulentas, ou que seja eunuco" (Levítico 21, 17-20).

Mesmo uma palavra negativa a respeito do novo Deus, um xingamento discreto, seriam punidos com morte imediata por apedrejamento (Levítico 24, 13). Se alguém prejudicasse o próximo, o mesmo prejuízo deveria receber; portanto, "olho por olho, dente por dente". Ainda mais estranho: os israelitas podiam possuir escravos nessa forma peculiar de sociedade, com permissão expressa do Senhor. Ninguém perguntava aos escravos o que eles achavam disso. A Terra Prometida, onde corria leite e mel, e que fora prometida aos israelitas, tinha de ser em primeiro lugar vasculhada e, por fim, conquistada. Moisés enviou dois exploradores à Terra Prometida e os mandou espionar a tão almejada meta de sua jornada. Os exploradores, contudo, tiveram medo dos povos que já habitavam o lugar:

Aí nós vimos gigantes, os filhos de Enac, que são gigantes mesmo. Tanto para nós próprios, como para eles, nós parecíamos gafanhotos (Números 13, 33).

Claro que novamente o povo "murmurou" contra Moisés e seu Deus – os murmúrios nunca terminavam. Duzentos e cinquenta levitas se reuniram e disseram: "Por que vocês se colocam acima da comunidade do Senhor?" (Números 16, 3 em diante). De todos os povos, foram justamente os levitas que se rebelaram, o próprio grupo que tivera a permissão de transportar a arca da aliança e que guardara o "Ancião". Pareciam ter acumulado grande ressentimento e raiva. Moisés ordenou aos três líderes do grupo que viessem até ele, e eles se recusaram; ele, então, foi até os homens, com a finalidade de matá-los, bem como suas famílias, certamente com o auxílio da tecnologia das armas divinas:

Logo que Moisés acabou de falar, o chão rachou debaixo dos pés deles, a terra abriu sua boca e os engoliu com suas famílias, junto com os homens de Coré e todos os seus bens. Desceram vivos à mansão dos mortos, juntamente com todas as coisas que lhes pertenciam. A terra os cobriu e eles desapareceram da comunidade (Números 16, 31-3).

E o que aconteceu com os 250 filhos remanescentes de Levi? *"Saiu um fogo da parte do Senhor e devorou os duzentos e cinquenta homens..."* (Números 16, 35).

Enfim, o que são 250 mortos em comparação às inúmeras tribos que os homens de Moisés destruíram – geralmente com a ajuda da magia extraordinária de seu Deus? Pelo menos, é o que diz a Bíblia.

Se as coisas realmente se passaram assim, é outra questão. O exército de Moisés, então, massacrou todos os homens de Midiã, e também tinha ordens de matar "todas as mulheres que tiveram relações sexuais com homens" (Números 31, 17). Obviamente, cada vitória significava enormes quantidades de pilhagem nas mãos dos israelitas. Os sacerdotes tinham de entregar determinada parte dela ao Senhor, como tributo. Mas ainda não era suficiente, pois o Senhor também exigia do povo: "... foi feito para o Senhor o tributo de trinta e duas pessoas" (Números 31, 40).

Tudo isso pode parecer terrível e incompreensível, e claro que, segundo os teólogos, deve ser interpretado simbolicamente. Nunca encontrei um único argumento que me convencesse por que o Senhor queria pilhagem ou – ainda mais insano – para que precisava de pessoas. Não me refiro a apenas uma passagem do Antigo Testamento. Realmente, não. Parece que o Senhor vivia cobiçando joias, pedras preciosas, metais valiosos, tecidos delicados e até pele de foca.

Ora, os livros do Pentateuco (os cinco primeiros livros do Antigo Testamento) têm origem em períodos diversos e mostram inequivocamente as assinaturas de seus diferentes autores. Todos os exegetas concordam nesse ponto. Além disso, foram acrescentados detalhes em épocas posteriores que não faziam parte dos textos originais.

É provável que algumas das leis rigorosas tenham sido inventadas depois e acrescidas aos cinco livros por algum fanático. O problema é que os atuais estudiosos dos textos não conseguem mais determinar quais partes são originais. Isso me leva a refletir ainda mais no fato de tantos teólogos exigirem que os fiéis considerem os textos no Antigo Testamento como a "palavra de Deus". "Sem exceção, são os relatos da manifestação da Palavra de Deus. É um padrão geral" (ver Rahner, nota 11).

Sabemos por meio das histórias tradicionais de Sodoma e Gomorra que os moradores daquelas duas cidades pecaminosas não tinham limites para seus desejos sexuais. Não apenas praticavam relações com ambos os sexos, mas também com animais (ver Salibi, nota 30). Daí o termo sodomia. Esse hábito perverso tinha de ser radicalmente eliminado. As respectivas punições eram proporcionalmente severas:

Não se deite com animal, pois você ficaria impuro... O homem que tem relações sexuais com animal torna-se réu de morte, e o animal também deve ser morto. Se uma mulher se oferece para ter relação sexual com animal, tanto ela como o animal devem ser mortos: são réus de morte, e o sangue deles cairá sobre eles mesmos (Levítico 18, 23 e 20, 15-6).

Sem dúvida, o Senhor dos israelitas conhecia a higiene moderna e desejava passar tal conhecimento a seu povo escolhido, sem restrições:

Quando alguém tiver na pele uma inflamação, um furúnculo ou qualquer mancha que produza suspeita de lepra, será levado diante do sacerdote Aarão ou de um dos seus filhos sacerdotes. O sacerdote examinará a parte afetada. Se no lugar doente o pelo se tornou branco e a doença ficou mais profunda na pele, é caso de lepra... Se há sobre a pele uma mancha branca, sem depressão visível da pele, e o pelo não se tornou branco, o sacerdote isolará o doente durante sete dias (Levítico 13, 2-4).

São instruções sobre diagnósticos de doenças e, nesse caso, recomendando o isolamento do paciente. Eram dadas instruções que parecem dos tempos modernos, para a desinfecção total e cautelosa. As regras de conduta não deixavam margem para discussão:

A cama em que o doente se deitar ficará impura, e todo móvel onde se sentar ficará impuro. Quem tocar o doente deverá lavar as roupas e tomar banho... Se o doente cuspir numa pessoa pura, esta deverá lavar as roupas e tomar banho... A sela sobre a qual esse homem viajar ficará impura. Todos os que tocarem qualquer objeto que tenha estado debaixo do doente ficarão impuros... Toda vasilha de barro tocada por esse homem deverá ser quebrada (Levítico 15, 4-12).

Todas essas instruções de higiene são detalhadas em Levítico, capítulos 13-16. São regras perfeitas para o combate a doenças. Pessoas com doenças infecciosas não só são excluídas da comunidade, mas também tendas e mesmo casas inteiras se tornam zonas proibidas se uma pessoa com um conjunto específico de sintomas de doença lá estiver. O reboco tinha de ser removido das construções, "mandará demolir a casa, e suas pedras, madeira e reboco serão levados para um lugar impuro, fora da cidade" (Levítico 14, 45). Os corpos de animais mortos não poderiam ser tocados, e o próprio sumo sacerdote Aarão não podia entrar na tenda sagrada enquanto não tivesse se banhado totalmente. Se Aarão não seguisse à risca essas regras de limpeza e vestimenta apropriada, passadas pelo Senhor, "poderia morrer" (Levítico 16, 2).

Palavras duras, porém verdadeiras. Nada "impuro" seria permitido na presença do Senhor, e certamente nem mesmo uma pessoa malcheirosa. Mas as contradições no Antigo Testamento são gritantes. Por um lado, Moisés nunca pode ver a face de Deus e, por isso mesmo, não tem contato direto com Ele; por outro, as regras sobre banhos e vestimentas deviam ser obedecidas com rigor se uma pessoa quisesse se aproximar do Senhor. Na Bíblia, todas essas regras de higiene se aplicam apenas ao povo escolhido – somente os israelitas aprendem a impedir o alastramento de doenças infecciosas, ou mesmo a deflagração de uma epidemia. Outros povos não desfrutavam de tais privilégios. Devemos mencionar, porém, que os deuses dos outros povos – nos casos em que deuses eram seres vivos e não estátuas – também exigiam a limpeza física absoluta de seus sacerdotes. Somente podiam entrar no Santo dos Santos após tomar banho e vestir roupas com aroma agradável, escrupulosamente limpas. Não mencionarei novamente, neste capítulo, o fato de que a Bíblia traz narrativas de uma natureza tecnológica que pode ser calculada e medida de acordo com as descrições dadas, e apontam para tudo, menos para um Deus metafísico (ver meu livro, *Wir alle sind Kinder der Götter*, palavra-chave Ezequiel).

Enfim, o que resta do Deus do Antigo Testamento após essa lista de contradições? Um jesuíta idoso com quem conversei certa vez sugeriu que Deus talvez tivesse nos dado um teste de raciocínio. Encontraremos a resposta? Penso que sim, se dermos às pessoas a liberdade para pensar e somar dois mais dois. Mas todo grupo religioso tenta impedir justamente isso. E não me refiro somente aos cristãos! O conceito de pensar por si mesmo é um horror na mente do fanático religioso. A fé não precisa de prova. A fé proporciona segurança, mesmo que a realidade seja caótica. Crer é não-querer-saber, pois a pesquisa e o raciocínio levam inevitavelmente a outras respostas. Os pensamentos, porém, não podem ser mortos, assim como também não podem os resultados da pesquisa. Enquanto existirem, os seres humanos pensarão. Esse fluxo é eterno, e mesmo que os grupos que se julgam os únicos corretos consigam bloqueá-lo, brotará outra fonte que logo se transformará em uma torrente.

Na Bíblia, Deus fez alianças eternas com Moisés e Abraão. As pesquisas históricas até os dias de hoje demonstram que nenhuma dessas alianças foi mantida. O retorno de Deus foi profetizado várias vezes, e um novo reino deveria se iniciar. Entretanto, nada disso aconteceu. Os zelotes religiosos previram a volta do Messias em diversas passagens bíblicas. Nenhuma dessas passagens está correta. (Quem quiser ler mais a respeito disso consulte o capítulo 3 de meu livro *The Return of the Gods*).[39] Êxodo, capítulo 34, demonstra que Deus é um deus ciumento (versículo 14) e que Moisés não devia sob hipótese alguma fazer acordos com habitantes de outra nação. O que seria do mundo sem acordos internacionais? O Senhor promete:

Quando eu expulsar as nações diante de você e alargar suas fronteiras, ninguém cobiçará sua terra. (Êxodo 34, 24).

Onde vive o "povo de Deus" hoje? Estão espalhados em muitos continentes, e o estado de Israel sofre pressão de seus vizinhos. Os judeus ortodoxos, que se apegam a cada palavra da Torá – desde que lhes sirva – esperam a chegada do novo reino em algum momento futuro. Amanhã seria melhor. Parece que não se incomodam com o fato de que esse tipo de atitude espiritual impossibilita um acordo sensato com os países vizinhos.

Já ressaltei que Moisés nunca viu o Senhor face a face. Mas parece que alguma coisa aconteceu com o rosto de Moisés. Quando ele desceu da montanha sagrada com as tábuas dos Dez Mandamentos, "ele não sabia que o seu rosto estava resplandecente, por ter falado com o Senhor" (Êxodo 34, 29). Teria sofrido os efeitos da radiação após o encontro com o Senhor, que durou cerca de 40 dias? Peter Kassa já suspeitava disso 30 anos atrás.[40] Se seguirmos o Antigo Testamento, veremos que algo realmente estranho aconteceu com Moisés:

---

39. Von Däniken, Erich. *Der Jüngste Tag hat längst begonnen*, Munich, 1995. [Disponível em inglês como *The Return of the Gods*, Londres: Chrysallis Vega, 2002.].
40. Krassa, Peter. *Gott kam von den Sternen* [*God Came from the Stars*]. Viena, 1969.

Aarão e todos os filhos de Israel viram que Moisés estava com o rosto resplandecente, e ficaram com medo de se aproximar dele... Quando Moisés terminou de falar, cobriu o rosto com o véu. Quando Moisés ia até o Senhor, para falar com ele, retirava o véu até a hora de sair... Os filhos de Israel viam que o rosto de Moisés estava resplandecente. Depois, Moisés cobria o rosto com o véu, até voltar para falar de novo com o Senhor (Êxodo 34, 30-5).

Punha o véu e retirava o véu. O restante do texto não menciona mais o véu. Será que o rosto de Moisés parecia desfigurado depois de ele receber as instruções do Senhor na montanha? Sabemos tão pouco sobre isso quanto sabemos se as passagens bíblicas são genuínas ou se foram inventadas e acrescidas por escribas posteriores, como foi o caso de muitas outras passagens. Entretanto, as narrativas da Bíblia são, "exceção, relatos da manifestação da Palavra de Deus. O padrão é geral" (ver Rahner, nota 11).

Se a Bíblia consiste mesmo totalmente em "relatos da manifestação da Palavra de Deus" e – segundo o professor de teologia Karl Rahmer – as escritas sagradas do Antigo e do Novo Testamento tiveram "a mesma fonte", sendo planejadas "desde tempos imemoriais" para a "salvação final", então os fiéis devem considerar verdadeiros os parágrafos do livro do Apocalipse. O livro do Apocalipse foi acrescentado ao Novo Testamento, supostamente compilado por João, o Evangelista. Lemos nele passagens sobre pragas terríveis, que os anjos punidores enviarão sobre a Terra – naturalmente apenas para os descrentes. O Senhor exige constantes julgamentos e castigos. Mas – que surpresa! – depois de todos os dias terríveis, surgirão um novo Céu e uma nova Terra:

Vi, então, um novo céu e uma nova terra. O primeiro céu e a primeira terra passaram, e o mar já não existe. Vi também descer do céu, de junto de Deus, a Cidade Santa, uma Jerusalém nova... A cidade é de ouro puro, tão puro que parece vidro transparente... Não vi na Cidade nenhum Templo... A Cidade não precisa do sol nem da lua para ficar iluminada...(Apocalipse 21, 1-2. 18 22-3).

Conheço pessoas que acreditam em objetos voadores não identificados, e há anos afirmam que os extraterrestres logo virão e arrebatarão determinada porcentagem de humanos para outro mundo. Cientistas e políticos reclamam desse absurdo porque isso pode levar as pessoas a abandonar tudo e se isolar dos problemas de nosso mundo. Eles estão certos. No entanto, parecem não saber onde se encontra a fonte desse pensamento: no livro do Apocalipse, na Bíblia.

Bem, em que ponto estamos agora? Onde está esse Deus que se permite encaixar em todas as escolas de pensamento? Parece que não se encontra na Bíblia nem em qualquer outro texto sagrado ou profano. Nas últimas décadas, a astrofísica tem apresentado vários modelos para a criação e a natureza do Universo. Todas essas teorias, desenvolvidas por pessoas inteligentes e com integridade, parecem se contradizer. De acordo com as fórmulas de Einstein, um universo estacionário não pode existir. A partir daí, o físico e astrônomo George Gamow teorizou o *Big Bang*, em 1948. Tal ideia ainda era considerada incontestável quando frequentei a escola, pois podia ser comprovada por meio do desvio para o vermelho (*red shift*), o efeito Doppler, segundo Edwin Powell Hubble: as galáxias afastam-se umas das outras a uma velocidade cada vez maior. Essa visão persistiu até os astrônomos descobrirem galáxias que se encontram tão distantes de nós que já não podiam se encaixar nas teorias existentes. Além disso, algumas dessas galáxias já teriam alcançado uma velocidade maior que a da luz, o que contradiria a teoria de Einstein. Assim, novas teorias tiveram de ser criadas. O físico Andrei Linde, da Universidade de Stanford, desenvolveu a teoria do "universo bolha". De acordo com ela, como uma banheira cheia de água mineral, mais e mais bolhas foram se formando – novos "Big Bangs". Um universo de bolhas recém-criadas, estourando eternamente. Claro que isso não basta para a compreensão do Universo; assim, novas dimensões se tornaram necessárias. Casos elas não existissem, teriam de ser criadas matematicamente. Se antes precisávamos de 25 dimensões espaciais no complicado mundo da astrofísica, hoje podemos nos virar com apenas dez. Mesmo essas dez dimensões não são acessíveis para o cidadão comum – somente existem na cabeça e nos computadores dos cientistas.

O astrofísico Oskar Klein apresentou a "teoria das cordas" (o Universo está repleto de "cordas de energia"). Essas cordas podem existir – ninguém sabe com certeza –, mas ainda não explicam a estrutura do Universo. Então, o físico Edward Witten criou a teoria das membranas vibrantes. O mundo ganhou a "Teoria-M". "M" indica não só membranas, mas também misticismo. Os buracos negros eram calculados matematicamente, o que contradizia teorias mais antigas. Outros astrofísicos se esforçam para compreender não só *como* o Universo surgiu, mas também *se* surgiu. Talvez ele sempre tenha existido. Incompreensível! Mas essa palavra não existe na astrofísica, na qual o incompreensível se torna possível. O principal ponto é que um novo desafio ao pensamento ocupe a massa cinzenta do cérebro.

De onde veio essa coisa que sempre existiu? E como terminará? O físico Paul Davies[41] postulou um "Big Crunch", além do "Big Bang". Na sequência de eventos, a história do Universo recomeçaria. Os antigos indianos conheciam tal ideia, como podemos verificar nos *Vedas*.

O que nos sobra, enfim, é um universo gigantesco com trilhões de estrelas e planetas, e que sabemos ser infinito – embora não saibamos se ele se renova constantemente e renasce em algum ponto ou se engole toda a própria energia, no fim. (Claro que isso contradiz a lei da conservação de energia na física.) Apenas uma verdade emerge desse cenário. Nós, humanos neste planeta minúsculo, somos como micróbios em comparação com o universo; micróbios num vasto oceano.

Entretanto, julgamo-nos tão importantes que acreditamos seriamente que o grandioso Espírito da Criação inventou esse jogo apenas para visitar nosso planeta em um veículo malcheiroso, fumacento, barulhento e perigoso. E escolheu como favoritos entre os humanos um grupo de pessoas persistentes em reclamar – favoritos que, por muito tempo, segundo as descrições do Antigo Testamento, não acreditaram nesse Deus. Depois, ele resolveu produzir uma peça teatral hedionda, trágica, matando crianças e populações inteiras, constantemente – em relação a eventos futuros – julgando as pessoas

---

41. Davies, Paul. *Die letzten drei Minuten* [*The Last Three Minutes*]. Munique, 1996.

e impondo-lhes castigos. E tudo isso só para convencer a tola humanidade a crer n'Ele e amá-Lo. Não é exatamente o que conhecemos como a caridade cristã!

Nesse modelo, onde há espaço para um "bom Senhor", um Deus de amor? O antigo Poder original, o supremo Primeiro Ser, e devia existir antes do início da própria Existência, teria de ser neutro, e somente por falta de um pronome melhor chamamos de "Ele". "Ele" existia antes do *Big Bang*, antes dos buracos negros e das cordas, antes do universo bolha e antes de todos os pensamentos que somos capazes de formar. Não é possível para a compreensão humana apreender, escrever a respeito, ou sequer calcular esse ELE, a menos que essa compreensão humana seja expandida por alguma inteligência mais antiga. Mesmo assim, tento imaginar um modelo desse ELE. Em conversas, experimento o seguinte jogo de pensamento:

Imagine um computador equipado com 100 trilhões de "unidades de pensamento" – "bits", no jargão técnico. Agora, imagine que esse computador desenvolveu consciência pessoal. Essa consciência, porém, está firmemente atrelada aos trilhões de bits. Se o computador dizimasse a si mesmo no Universo, essa consciência pessoal seria destruída. Claro que o cérebro do computador sabe disso, porque o computador sabe tudo. Passado algum tempo, saber tudo se torna enfadonho, independentemente de existir ou não essa coisa chamada tempo. Então, o computador resolve acabar com esse tédio e armazenar experiências novas. Para quê? Ele já conhece tudo! O computador começa a numerar todos os seus bits e os marca em determinada sequência. E, enfim, permite-se explodir. *Big Bang*. Trilhões de bits, dependendo do tamanho deles, e a velocidades diversas, se espalham pela vastidão e o vazio do Universo. A consciência original do computador se dissolveu, não existe mais. Mas o sábio autodestruidor programou o futuro pós-explosão. Todos os bits marcados um dia se reencontrarão no centro da explosão. Toda unidade de pensamento reassumirá seu lugar original, e a consciência pessoal do supercérebro estará mais uma vez intacta – com uma diferença importante. Cada bit experimentou algo desde o momento da explosão até seu retorno. Alguma coisa aconteceu. Uma experiência adicional, que não existia antes da ruptura, agora faz parte da consciência pessoal. A onisciência do computador foi expandida. Claro que isso parece uma contradição, mas, por favor, lembre-se de que falamos aqui de um modelo de pensamento.

Desde o momento da explosão até o retorno, nenhum bit sabia que era uma parte minúscula de uma consciência maior. Se um único deles perguntasse a si mesmo, no decorrer da longa jornada: "Qual é o significado e o propósito de minha viagem super-rápida?", ou "Quem me criou?", as "De onde venho?", não haveria resposta. Isso somente seria possível se grupos inteiros de unidades de pensamento se encontrassem e, talvez, tivessem uma leve noção de que algo muito maior devia existir por trás de tudo. Portanto, cada bit foi o começo e o fim de um ato, uma espécie de criação, multiplicada pelo fator da experiência nova. Eu chegaria muito longe se esse modelo simplificado de pensamento nos ajudasse a entender um pouco melhor o fenômeno do ELE. Somos todos partes desse Poder Original. Só no fim, o "Ponto Ômega" de Teilhard de Chardin (1881-1955),[42] compreenderemos novamente que em nós unificamos a causa e o resultado da Criação. Penso que é lógico crer que ELE, um sinônimo do conceito do Deus, deve ter existido antes de qualquer tipo de *Big Bang*. Esses modelos de pensamento não são novos; o único elemento novo é a comparação com um computador. O fascinante nisso tudo é que as tradições antigas conhecem ideias semelhantes. João Evangelista descreve a criação nos seguintes termos:

No começo a Palavra já existia: a Palavra estava voltada para Deus, e a Palavra era Deus. Tudo foi feito por meio dela, e, de tudo o que existe, nada foi feito sem ela (João 1, 1-3).

Não sabemos de onde João teve essa visão brilhante. Triste é o fato de que o termo "Deus" vem sendo entulhado de ideias impossíveis há 2 mil anos, ideias estas cujo intento é passar histórias às crianças e aos semisselvagens. Se o fenômeno do ELE (Deus), porém, resolveu se transformar em matéria por algum tempo, então ELE é simultaneamente a Criação e o produto de sua criação. Assim como

---

42. De Chardin, P. T. *The Phenomenon of Man* [tradução para o inglês]. Londres: Wm Collins Sons, 1959.

aqueles bits de computador, nós também nos reencontraremos em uma unificação. Junto a trilhões de outros sóis e à inteireza da matéria, somos partículas microscópicas d'ELE, que encontrarão o caminho de volta à comunidade cosmológica infinita. Todos os filósofos se torturam com as perguntas "Por quê?", "De onde?", "Para quê?". Entretanto, o "Conhecimento", segundo o filósofo e teólogo, professor Puccetti, "não precisa necessariamente ser encontrado por meio de um caminho científico. E, na verdade, nenhuma das tais verdades religiosas importantes jamais foi auferida assim".[43]

Um novo milênio se iniciou. Onde estamos?

A humanidade dividiu-se em cinco grandes religiões e milhares de seitas rivais. A genética, a astronomia e os meios de comunicação expandiram nossos horizontes a um ponto nunca antes alcançado. E não há um fim para nossa visão.

Cedo ou tarde, entraremos em contato com inteligências extraterrestres. A velocidade da luz será superada, contradizendo todas as teorias.

Como imaginamos um outro mundo? Queremos ser tratados como intelectualmente inferiores por uma inteligência alienígena porque não podemos tocar interruptores de luz aos sábados (judeus ortodoxos)? Porque não comemos carne de porco (judeus, muçulmanos)? Porque consideramos a vaca e os ratos gordos sagrados (hindus e outros sistemas de crenças inter-relacionados)? Ou porque torturamos nosso Deus e o crucificamos? Sou a favor de anunciar o fim do conceito da pluralidade de deuses quando dermos aquele passo para o terceiro milênio. Quero enfatizar que somos partes minúsculas do poderoso ELE para as quais as religiões usam o termo Deus. A partir desse ângulo, todo tipo de discriminação racial se torna uma completa baboseira. Pertencemos todos ao mesmo Todo. E aquelas religiões, com a convicção em sua probidade, suas guerras e atrocidades, deveriam, isto sim, nos conduzir ao caminho da iluminação, no fim das contas. A solução para esse desafio do pensamento poderia consistir em analisar (voltarei a esse assunto!) as contradições na Bíblia e em outros textos antigos. Por fim, enxergaríamos com clareza

---

43. Puccetti, Roland. *Ausserirdische Intelligenz* [*Extraterrestrial Intelligence*]. Düsseldorf, 1970.

a seguinte tarefa: o Deus do Antigo Testamento definitivamente não era um ser metafísico como expressa a Bíblia. A resposta deve estar em outra fonte, possivelmente em outro lugar do Universo. O que devemos fazer? Derrubar o templo, explodir as igrejas? Claro que não!

Onde os seres humanos se reúnem para louvar a Criação, há um forte senso benéfico de comunidade. Como se fôssemos tocados pela nota de um diapasão, nós vibramos com um sentimento mútuo daquele ser magnífico no espaço a quem chamamos de Deus. Os templos e as igrejas são locais para contemplação, espaços para o culto do indefinível, a adoração a ELE, o grandioso Espírito do Universo. Esses lugares de reunião permanecerão necessários. Todo o resto é relativamente supérfluo.

Capítulo 2

Mentiras em Torno do Evento de Fátima

"A indignação moral é o halo do hipócrita."
Helmut Qualtinger

Em 26 de junho de 2000, o Vaticano divulgou o "terceiro segredo de Fátima". Continha, alegavam, em linguagem simbólica, informações sobre a perseguição da Igreja no século XX, e incluía uma previsão da tentativa de assassinato do papa. Sabemos que o papa João Paulo II escapou por pouco da morte no dia 13 de maio de 1981, quando o assassino Ali Agea disparou uma pistola contra o Santo Padre na Praça de São Pedro. O presidente da congregação religiosa romana, o cardeal alemão Joseph Ratzinger, comentou a divulgação pública do mistério nestes termos pomposos:

O ensinamento da Igreja distingue entre "revelação pública" e "revelação privada". A diferença entre elas não é pequena, e sim considerável. O termo "revelação pública" se refere a atos de revelação por parte de Deus que são para toda a humanidade e cuja expressão é encontrada nas duas partes da Bíblia: o Antigo e o Novo Testamento. "Revelação" é o termo usado, porque Deus se revelou, passo a passo, aos seres humanos, até o ponto em que se tornou humano também, com o intuito de atrair o mundo inteiro para si, unindo-se a Ele, por meio de seu filho Jesus Cristo, que se fez homem. E porque Deus é Um, o curso da história em que Ele se juntou à humanidade é também único, aplicável a todas as épocas, cumprindo-se por fim na vida, na morte e na ressurreição de Jesus Cristo. A autoridade das "revelações públicas" é substancialmente diferente daquela de uma "revelação privada"...

O cardeal prossegue, informando-nos de que uma revelação privada se refere à Fé e à "certeza" de que Deus está falando. A revelação privada teria, então, o objetivo de apoiar a Fé. A medida e a qualidade de uma revelação privada apontam para o próprio Cristo:

Se a "revelação privada" desvia do Cristo... ou se apresenta como uma ordem diferente ou melhor, como algo mais importante que o próprio evangelho, então certamente não deriva do Espírito Santo, que obviamente nos conduz ao Evangelho e nunca distante dele.[44]

Que lógica intricada! Se o Deus onipresente faz distinção entre privado e público, então uma revelação privada também deveria vir de Deus. Mas não, diz o devotíssimo cardeal. Uma revelação privada só pode vir de Deus se "conduzir ao Evangelho". Presumo, portanto, que a oposição, isto é, o Diabo, também dá revelações privadas?

As expectativas eram altas em torno do conteúdo do terceiro segredo de Fátima, desde que em 1960 o papa dissera que era incapaz de revelar o segredo, pois dizia respeito à "nossa Fé". O papa João Paulo II declarou aos jornalistas boquiabertos em Fulda, em 1980: "Por causa do conteúdo grave, meus predecessores na Santa Sé preferiram uma versão diplomática. Além disso, deve bastar a todo cristão saber o seguinte: se lêssemos que os oceanos inundariam partes enormes da Terra, que os seres humanos seriam levados para junto de seus antepassados de um minuto para outro, aos milhões, então ninguém mais ansiaria por uma declaração pública desse segredo... Rezem e não peçam mais nada. Deixem tudo por conta da Santa Mãe de Deus".[45]

Depois de afirmações tão graves, claro que esperávamos um anúncio de estremecer a Terra. Mas o que contém (supostamente) o terceiro segredo? Nenhuma sensação, nada de fim do mundo, nada de oceanos engolindo tudo e milhões de mortos, nem ao menos coisa

---

44. Bertone, Tarcisio. *Die Botschaft von Fátima* [*The Message of Fátima*]. Publicado pela Congregação para o Ensinamento da Fé, Cidade do Vaticano, 29 de junho de 2000.
45. Fiebag, Johannes e Peter. *Die geheime Botschaft von Fátima* [*The Secret Message of Fátima*]. Tübingen, 1986.

alguma a respeito de "nossa Fé". Aliás, o texto divulgado sequer se aproxima da realidade. Eis a versão liberada pelo Vaticano:

Escrevo em obediência a Vós, meu Deus, que me instruístes, através de sua Excelência, o Reverendíssimo bispo de Leiria, e de Vossa Santíssima Mãe.

Depois das duas partes que já descrevi, vimos à esquerda e ligeiramente acima de Nossa Senhora, um anjo portando uma espada flamejante na mão esquerda; da espada se projetam fagulhas e chamas; mas as chamas se extinguiam quando em contato com o fulgor que provinha da mão direita de Nossa Querida Senhora: o anjo, apontando para a terra com a mão direita, gritava em altos brados: Arrependei-vos, arrependei-vos, arrependei-vos! Então, numa luz poderosa que é Deus, vimos "o que parecia a imagem em um espelho da passagem de uma pessoa", um bispo vestido de branco, e "sentimos que era o Santo Padre". Vários outros bispos, padres, homens e mulheres de diversas ordens subiam por uma colina íngreme, em cujo topo se achava uma cruz enorme feita de madeira, como carvalho. Antes de lá chegar, o Santo Padre atravessava uma cidade grande semidestruída; e, estremecendo, com o passo fraco, assolado por dor e preocupação, ele rezava pelas almas dos mortos que via no caminho. Quando alcançou o pico da colina, ele se ajoelhou aos pés da cruz. Lá, foi morto por um grupo de soldados que o alvejaram com armas de fogo e flechas. Do mesmo modo, pouco a pouco, todos os bispos, sacerdotes, pessoas ordenadas e seculares, homens e mulheres de diversas classes e posições também pereceram. Sob os dois braços da cruz se encontravam dois anjos, cada um com um vaso de vidro nas mãos, nos quais coletavam o sangue dos mártires e, com esse sangue, regavam as almas dos que se aproximavam de Deus (ver nota 44).

Essa publicação do Vaticano – que é, afinal, a instância mais alta da Igreja Católica Romana, à qual pertence um exército de milhões de fiéis, e para os quais essa instituição representa a mais alta instância da verdade – é, na melhor das hipóteses, apenas meia verdade, ou meia inverdade. Ou os papas anteriores mentiram ao fazer suas declarações acerca do terceiro segredo de Fátima, ou é o reverendíssimo cardeal Raztinger que mente agora. Além disso, a verdade liberada pelo Vaticano nada diz sobre o que aconteceu no passado ou no presente – e sequer a tentativa de assassinato do papa. Em vez disso, fala de uma "cidade grande semidestruída", na qual o Santo Padre, junto com muitos outros, leva um tiro e morre. Sinto muitíssimo, Suas Excelências, mas em 13 de maio de 1981, quando o papa João Paulo II levou um tiro, nem Roma era um local semidestruído nem outras pessoas foram atingidas por balas. E como o presidente da congregação romano de fiéis interpreta essas contradições?

Segundo o cardeal Ratzinger, trata-se da palavra-chave dos segredos anteriores, *"salvare le anime"* (salvando as almas), expressada por meio das palavras*"Penitenza, Penitenza, Penitenza"* (Arrependei-vos, arrependei-vos, arrependei-vos). O que nos faz lembrar do começo do Evangelho segundo Marcos: "Arrependei-vos e crede no Evangelho". O anjo com a espada flamejante representa as regras da corte. Os próprios seres humanos criaram e instalaram a espada flamejante com suas invenções. O espetáculo de fogo testemunhado pelas crianças em Fátima em uma visão não representava um "futuro inalterável"; não era um filme mostrando o futuro fixo, mas um plano de como esse futuro (possível)"poderia ser convertido em algo positivo". Mas como? Por meio do arrependimento e da compreensão, claro. Cardeal Ratzinger: "É por isso que as interpretações fatalistas do segredo são completamente equivocadas, por exemplo, quando afirmam que o assassino de 13 de maio de 1981 fora um instrumento usado pelo Destino para um propósito divino, e que, portanto, não seria movido por seu livre-arbítrio...".

Gostaria de humildemente indagar aqui: o que o assassino de 13 de maio de 1981 tinha a ver com uma "cidade semidestruída"? Ou com um "grupo de soldados"? E com o assassinato de muitas outras pessoas além do papa?

Quanto mais alta é a posição dos teólogos na hierarquia da Igreja, mais espantoso parece ser o raciocínio deles. O cardeal Ratzinger distorce a visão do futuro anunciado no segredo, apresentando-o como um cenário vago do passado. Seu comentário foi o seguinte:

O papa caminha à frente dos outros, tremendo e sofrendo por causa dos horrores à sua volta. Não só as casas nessa cidade se encontram em ruínas, mas também o caminho passa pelos corpos dos que foram mortos. O caminho da Igreja é descrito como uma trilha até a cruz... Devemos ver a história de um século inteiro representada por essa imagem... Na visão, vemos o século terminando agora como um século de mártires... um século de guerras mundiais e muitas guerras locais... A figura do papa tinha um papel especial nisso tudo. Sua subida exaustiva deve indicar a caminhada de vários papas... Na visão, o papa também é assassinado nessa trilha de mártires. Não reconheceria o papa, após examinar o texto do terceiro segredo, depois da tentativa de assassinato em 13 de maio de 1981, a si próprio? Ele esteve muito próximo da morte e descreveu sua recuperação com as seguintes palavras: "... foi a mão materna que direcionou o trajeto da bala e permitiu que o papa, que lutava pela vida, se levantasse mesmo no limiar da morte" (declaração do papa em 13 de maio de 1994). O fato de que uma "mano materna" (mão materna) desviou o projétil só vem a mostrar, mais uma vez, que não existe destino inalterável, que a fé e a oração são poderes reais e capazes de interferir na história, e que, no fim, a oração é mais forte que os patronos, a fé é mais poderosa que as divisões.

Realmente, o que se apresenta ao público é demais. A "cidade semidestruída" é deturpada e situada no século anterior; os sacerdotes e membros de ordens *não* assassinados na época do atentado se transformam em mártires do passado; a "espada flamejante" é comparada às invenções humanas; e por fim, a bala que não matou o papa foi desviada pela Virgem Maria. Além de tudo isso, de acordo com esse comentário, o papa leu o terceiro segredo de Fátima após o atentado de 1981, quando, na verdade, já fizera uma declaração pública a respeito dele em 1980.

Como entender essa atitude mental? A Mãe de Deus teria aparecido em pessoa às crianças de Fátima. Qual Mãe de Deus? O que realmente aconteceu em Fátima em 1917? E como essas mensagens – ou segredos – se encaixam? O que o primeiro e o segundo segredo teriam a nos dizer, se o terceiro foi falsificado?

Alguns vão dizer que tudo isso não passa de imaginação; apenas uma ilusão. Outros argumentarão que se trata de uma falsificação da história da Igreja há cerca de 1.900 anos. Mas observemos a sequência apropriada.

Espero que tenha deixado claro no primeiro capítulo que as Escrituras Sagradas do Antigo Testamento são uma coletânea de contradições indignas de um ser divino metafísico, criada em épocas diferentes e compilada por diversos autores. O Cristianismo baseia-se no Antigo e no Novo Testamentos. Lembremo-nos de que os textos dos dois Testamentos supostamente derivam da mesma fonte. De acordo com a teologia, Deus fez uma aliança especial com o povo de Israel, planejada desde tempos imemoriais, como um prólogo à vinda de Cristo (ver Rahner, nota 11).

Assim, o Novo Testamento é uma continuação do Antigo. Quem, afinal, compilou o Novo Testamento? Quem o escreveu? O bom Senhor?

Os leitores que estiverem familiarizados com meu trabalho, espero, desculpem-me se cito um de meus livros anteriores: lidamos aqui com o início da história inacreditável de Fátima (ver Von Däniken, nota 39).

Todo cristão devoto tem plena convicção de que a Bíblia é e contém a *Palavra de Deus*. Quanto aos evangelhos, acredita-se que os seguidores de Jesus de Nazaré registraram por escrito os discursos, as regras de vida e as profecias dele. Tem-se a opinião de que os evangelistas vivenciaram a experiência das jornadas e dos milagres de seu Mestre e as anotaram em uma crônica, não muito tempo depois. Essa "crônica" recebeu um nome: "os textos originais".

Entretanto – e todo teólogo com poucos anos de ensino superior sabe disso –, nada disso é verdade. Esses textos originais tão consultados, tão produtivos em premissas teológicas, não existem. Então, o que temos? Transcritos, cópias que foram, sem exceção, criadas entre os séculos IV e X d.C.. E essas cópias, das quais existem aproximadamente 1.500, são por sua vez cópias de cópias, e nenhuma delas corresponde à outra. Mais de 80 mil (sim, 80 mil!) variações já foram contadas. Não há uma única página desses "textos originais" que não contenha contradições. Os versículos foram reproduzidos de maneiras diferentes, de uma cópia para a seguinte, de acordo com os sentimentos dos copistas e devidamente adaptados às necessidades de sua época. Esses "textos originais" bíblicos são repletos de milhares de erros fáceis de se detectar. O "texto original" mais conhecido, o *Codex Sinaiticus* (originário do século IV, assim como o *Codex Vaticanus*), foi descoberto em um mosteiro em 1844. Ele contém nada menos que 16 mil correções, que remontam a no mínimo sete autores das correções. Algumas passagens foram alteradas várias vezes e substituídas por uma passagem do "texto original". O professor doutor Friedrich Delitzsch, um especialista de primeira classe, descobriu 3 mil erros de cópias só no "texto original".[46]

Tudo isso é compreensível, se considerarmos que *nenhum* dos evangelistas era contemporâneo de Jesus, e *nenhum* contemporâneo compilou um relato de testemunho vivo. Somente depois da destruição de Jerusalém pelo imperador romano Tito (39-81 d.C.), em 70 d.C., alguém começou a compilar textos a respeito de Jesus e seu grupo. O evangelista Marcos, do primeiro evangelho no Novo Testamento, deve ter escrito sua versão no mínimo 40 anos após a morte de seu mestre na cruz. Os próprios pais da igreja dos primeiros séculos d.C. concordavam pelo menos quanto ao fato de os "textos originais" serem falsos. Eles falam abertamente de "inserir, violar, destruir, melhorar, estragar, extinguir". Mas isso faz parte de um passado longínquo, e toda a discussão não altera os fatos objetivos do caso. O especialista doutor Robert Kehl, de Zurique, comentou:

Frequentemente, a mesma passagem era corrigida ou corrigida de volta para o significado original por um ou outro copista, dependendo de qual versão dogmática era apresentada pela escola em questão. Essas correções individuais, e mais ainda, as correções planejadas, acabaram por criar um caos textual total que já não pode mais ser desembaraçado.[47]

Esses são os fatos que ninguém ousa admitir aos fiéis. O que Fátima tinha a ver com tudo isso? A Mãe de Deus, a mãe de Jesus, supostamente apareceu em Fátima. Foi *ela* que apareceu às crianças de Fátima; foi *ela* que deu a mensagem – os três segredos às crianças. Como o Cristianismo passou a ter uma Mãe de Deus? Tudo começou com os concílios. Em 325 d.C., o imperador Constantino (c. 274-337) convocou o

---

46. Delitzsch, Fr. *Die grosse Täuschung* [*The Great Hoax*]. Berlim: Stuttgart, 1921.
47. Kehl, Robert. *Die Religion des modernen Menschen* [*The Religion of Modern Man*], in *Stiftung für universelle Religion* [*Corporation for Universal Religion*]. Heft, 6a, Zurique.

primeiro concílio do mundo cristão, ainda novo, em Niceia. O modo como Constantino escolheu os 318 bispos que deveriam comparecer nada teve a ver com religião. Foi pura política. O próprio imperador (que na época não era cristão batizado, pois somente recebeu o batismo em seu leito de morte!) presidiu o concílio. Em verdadeiro estilo imperial, ele deixou claro que sua vontade era a lei da Igreja. Os pastores mais importantes aceitaram aquele homem não batizado como "bispo universal", que obviamente participava de toda votação. Constantino, aliás, não tinha a menor noção dos ensinamentos de Jesus. Ele seguia o culto ao Sol de Mitras (um antigo deus persa da luz). Era retratado em moedas e venerado como o "*Sol invictus*" (o Sol Inconquistável) até os tempos do Cristianismo. Quando deu seu nome ao velho porto comercial grego de Bizâncio, e transformou Constantinopla na capital do Império Romano, sem o menor traço da humildade cristã, o imperador mandou erguer uma coluna enorme em sua homenagem. No topo da coluna foi colocada uma estátua do imperador, como o Sol Inconquistável. Constantino não aboliu a escravidão e chegou a decretar que os escravos que fossem pegos roubando comida seriam punidos com chumbo derretido escorrendo pela boca. Ele permitia, inclusive, que pais vendessem seus filhos em momentos de necessidade.

E com quais decisões políticas da Igreja ele se envolveu? Até o Concílio de Niceia, a opinião de Ario de Alexandria era geralmente aceita: Deus e Cristo *não eram* idênticos em natureza, mas apenas semelhantes. Constantino obrigou o concílio a decidir em favor da natureza idêntica de Deus, o Pai, e Jesus. Esse se tornou o dogma da Igreja (doutrina da fé) por supremo decreto imperial. Foi assim que fomos expostos à ideia de que Jesus e Deus eram idênticos. Com base nessa premissa, os bispos passaram o Credo de Niceia por meio de eleição por aclamação.

Constantino, o não cristão, prestou outro serviço enorme à Igreja. Até aquela época, o sepulcro de Jesus era desconhecido. Em 326, o imperador descobriu a tumba de Jesus (que fora recentemente aclamado como idêntico a Deus) por "inspiração divina".

Dali a quatro anos, ele mandou construir a Igreja do Santo Sepulcro em Jerusalém. A descoberta miraculosa não impediu o imperador, contudo, de matar seus parentes mais próximos no mesmo ano, entre eles seu filho Crispo, sua esposa Fausta – que ele mandou mergulhar em água fervente – e seu sogro Maximiliano, o qual Constantino obrigou a cometer suicídio. Esse era o imperador e pontífice, aquele que presidiu o Concílio de Niceia e declarou às comunidades cristãs em uma circular que os votos dos 318 bispos eram o "julgamento de Deus". Constantino, que também recebeu o epíteto de "o Grande", foi finalmente elevado à Santidade pelas Igrejas da Armênia, Grécia e Rússia.

O segundo concílio aconteceu em Constantinopla em 381, convocado pelo imperador Teodósio I (347-395). Este também foi condecorado pela Igreja com o epíteto de "o Grande". A esse *Imperator* também não faltavam as mesmas qualidades de seu colega Constantino. A história comprova que ele foi um comerciante de escravos que impunha encargos insuportáveis aos pobres. Os que não obedeciam eram torturados. Em 390, só dez anos após o concílio, ele mandou matar 7 mil cidadãos rebeldes em um terrível banho de sangue no circo da cidade de Tessalônica, ou Salonica (Saloniki). O imperador Teodósio declarou o ensinamento cristão como a religião do estado (daí "o Grande"). Ordenou a seu bispo Ambrósio de Milão que mandasse destruir todos os templos e santuários pagãos, e quem se recusasse a ser batizado seria morto.

E o que aconteceu no segundo Concílio de Constantinopla? O encontro determinou o ensinamento da Trindade do Pai, do Filho e do Espírito Santo. Tornou-se, então, o Credo Niceno-constantinopolitano. Aqui vai um docinho para os *gourmets* da teologia: a ideia da natureza idêntica de Deus e Jesus, determinada em Niceia, tornou-se, enfim, a natureza idêntica do Pai, do Filho e do Espírito Santo. A Igreja ainda é sustentada pela Trindade até hoje.

O concílio seguinte foi convocado em Éfeso, em 431, pelos dois imperadores romanos, Teodósio III, do Império Romano Oriental (409-450), e Valenciano III, do Império Romano Ocidental (425-455). Esses dois imperadores não se incomodavam com questões espirituais nem mundanas, pois eram *playboys*. Por conseguinte, raramente agraciavam o concílio com suas presenças.

Teodósio III era um fraco, totalmente controlado por sua irmã ávida de poder, a astuta Pulquéria. Por algum tempo, ela foi regente do irmão e se gabava, em toda situação apropriada e inapropriada, de sua virgindade (arrancando meros sorrisos de seus contemporâneos). O colega de Teodósio III, o imperador do Império Romano Ocidental, Valenciano, vivia sob a tutela da mãe, Gala Placídia, o que culminou em assassinato. Exemplos nada bons de comportamento cristão.

O que decidiu, enfim, o Concílio de Éfeso? Estabeleceu o Culto a Maria como Mãe de Deus. Ela recebeu o título de "Portadora de Deus". Tal decisão não se deveu à inspiração de um espírito; foi um ato de motivação política. O motivo? Éfeso era o centro de adoração da Deusa Mãe Artemis. A decisão tinha o intento de desviar o culto às deusas mães de outras religiões e uni-las todas na prática da religião cristã.

Logo após a declaração do concílio, as estátuas de Artemis foram acrescidas de halos e seus nomes mudados para "Mãe de Deus" e "Portadora de Deus". A maioria das outras religiões já abordava o conceito de "deusa mãe", e essas deusas, claro, nunca concebiam da maneira normal. Algum deus sempre era o responsável. Por esse motivo, uma concepção virgem também era inevitável para Maria. Ela, então, teria concebido por meio de um anjo chamado Gabri-El. Gabri-El significa simplesmente "homem de Deus".

E de onde veio o nome Maria? A irmã mais velha de Moisés, a mulher que indicou à filha do faraó o cesto flutuando com o bebê, chamava-se Mirjam (Maria). O próprio Alcorão, o livro sagrado dos muçulmanos, escrito mais ou menos 600 anos depois do nascimento de Cristo, relata o parto virginal de Maria:

Considerai também no Livro [o Alcorão] a história de Maria. Quando ela foi levada de sua família até um local no oriente e coberta com um véu, enviamos nosso espírito [o anjo Gabriel] na forma de um homem forte. Ela disse: "Tenho medo de vós e de vós me refugio com o Misericordioso. Se o temeis também, apartai-vos de mim". Ele respondeu: "Fui enviado por vosso Senhor, para vos dar um filho santo". Mas ela respondeu: "Como posso ter um filho se nenhum homem me conhece, e se não sou uma meretriz?" O espírito, então, retrucou: "Assim se dará: pois vosso Senhor falou: 'para mim é fácil. Faremos dele [do filho] um sinal de maravilhas para a humanidade, e ele será uma prova de nossa misericórdia'. E assim a decisão está tomada" (190ª Sura, 17 em diante).[48]

Alguns versículos adiante, vemos: "Ela então voltou aos seus com a criança nos braços, e eles disseram: "Ó Maria [Mirjam], fizeste algo estranho! Ó irmã de Aarão, teu pai verdadeiramente não foi um homem mau nem tua mãe uma meretriz".

O parto virginal é confirmado na 66ª Sura, versículo 12: "Maria [Mirjam] também, a filha de Amran [era um exemplo para eles]. Ela preservou sua castidade e sopramos para dentro dela nosso espírito...".

O Alcorão foi anunciado em língua árabe por volta de 610 até 632, o ano a que geralmente se atribui a morte do profeta Maomé. De acordo com a história islâmica, o profeta Maomé recebeu revelações de Alá durante um período de 23 anos. Alá é o nome árabe do Deus único. No Alcorão, conforme enfatiza Maomé, Alá confirma sua Palavra, que enviara anteriormente. Isso significa que a terceira Sura reconhece enfaticamente a Torá judaica e os evangelhos cristãos como palavras dos profetas. A única diferença importante é que o Alcorão representa a revelação mais atualizada de Deus e, portanto, as palavras dos profetas anteriores foram, ao menos em parte, superadas:

Acreditamos em Alá e naquele que ele nos enviou, e no que ele revelou em Abraão, Ismael, Isaac, Jacó e nas tribos, e no que o Senhor revelou a Moisés, Jesus e aos outros profetas; não vemos diferenças entre eles. Somos muçulmanos [súditos de Alá]. Aquele que buscar outra religião que não o Islã, que nunca a encontre, pois do contrário pertencerá aos perdidos na vida futura (3ª Sura, 84-85).

Segundo o conceito maometano, o Islã é a única religião certa, porque Maomé foi o último – ou mais recente – profeta a receber a palavra de Deus. Teólogos católicos veem tal situação exatamente ao contrário. Como se considera a única religião verdadeira, o Islã exige de seus fiéis: "Não fareis amizade com aqueles que não são de vossa religião" (3ª Sura, 117). No Alcorão, Maria concebeu ainda virgem, mas nunca alcançou o Céu. E Jesus é um profeta, mas não o filho de Deus:

É inconcebível para Alá ter gerado um filho (19ª Sura, 35).

---

48. Der Koran. Das heilige Buch des Islam [The Koran. The Holy Book of Islam]. Munique, 1964.

O nome Maria (Mirjam, Maya) aparece novamente no nascimento de Buda. Buda nasceu de uma rainha virgem chamada Maya. Entretanto, esse evento ocorreu séculos antes da criação do Cristianismo.

Maria não foi elevada somente por meio dos concílios, mas também – e mais enfaticamente – pelos papas posteriores. Em 1854, o papa Pio IX anunciou que a mãe de Jesus o concebera de maneira "imaculada" e livre do "pecado original" de que fala a Igreja. Em 1950, Pio XII foi ainda mais longe. Transformou a Assunção de Maria em um dogma (um pré-requisito da fé). A Mãe de Jesus, de acordo com o dogma, ascendera ao Céu em "corpo e alma". Em uma oposição frontal ao Islã, em 18 de novembro de 1965, a Igreja Católica anunciou, formal e oficialmente, na "constituição dogmática":

- que Deus *era a fonte* da Bíblia;
- que a Bíblia era sagrada, *em todas as suas partes*;
- que a Bíblia fora compilada, *em todas as suas partes*, sob a influência do Espírito Santo;
- que *tudo* declarado pelos compiladores inspirados da Bíblia deveria ser considerado escrito pelo Espírito Santo; e
- que a Bíblia ensina com *certeza, fielmente* e *sem erros*.

Três anos depois, no solene credo do papa Paulo VI em 30 de junho de 1968, foi enfatizado explicitamente:

- a Igreja Católica era a única Igreja verdadeira;
- a Igreja Católica era a única que proclamava a verdade infalível;
- a Igreja Católica era necessária para a salvação;
- o tesouro pleno das riquezas celestiais foi confiado à Igreja Católica;
- a Igreja Católica era a única e verdadeira herdeira da promessa divina;
- a Igreja Católica era a única que possuía o Espírito de Cristo;

- a Igreja Católica foi a única a que se confiou a sede infalível de ensinamento;
- a Igreja Católica era a única que possuía a verdade plena.

Esse credo solene do papa Paulo VI foi emitido há mais de 50 anos. Desde então, os dignitários da Igreja têm tido inúmeras conversas e encontros com os renegados de outras igrejas, e o que impera hoje é o movimento ecumênico. Por toda parte, os fiéis são levados a crer que as igrejas estão dando as mãos e finalmente abandonando a ideia de serem as únicas donas da verdade. Não acredite nisso! No outono de 2000, mais uma vez a Igreja Católica se declarou única e superior a todas as outras igrejas. O jornal alemão *Die Welt* publicou:

A Igreja Católica, em uma declaração recente, descreveu a si mesma como a única verdadeira Igreja de Cristo, contradizendo, assim, a igualdade entre os diferentes rumos da fé. Na declaração Dominus Jesus (Jesus, o Senhor), compilada pela congregação da fé católica sob a liderança do cardeal Joseph Ratzinger, é enfatizado que só existe uma Igreja de Cristo, a Católica, e que ela é conduzida pelo Papa, o sucessor de São Pedro, e pelos bispos.[49]

Logicamente, o Conselho das Igrejas Evangélicas da Alemanha (EKD) reagiu mal a essa unilateralidade inflexível de Roma. O presidente do EKD descreveu a declaração como um "retrocesso para o movimento ecumênico" e acrescentou que "os sinais de Roma estagnaram". Tais palavras não impediram o presidente da Conferência dos Bispos da Alemanha, o católico Karl Lehmann, de insistir aberta e publicamente que só existia uma Igreja verdadeira – isto é, a "santa igreja católica e apostólica".

Os não católicos ou não cristãos podem se perguntar: "Afinal, o que isso tem a ver com o terceiro segredo de Fátima?" O que importa, para que nos serve essa presunção à verdade dentro das comunidades cristãs? Ora, para sermos sinceros, isso não precisa interessar a ninguém, mas afeta a humanidade inteira, pois se uma religião se coloca vangloriosamente acima de todas as outras, a questão envolve

---

49. *Die Welt*, nº 208-236, 6 de setembro de 2000. "Die Katholische Kirche erklärt sich für einzigartig – EKD empört" ["The Catholic Church Declares Itself Unique – the EKD (Evangelical Churches of Germany) Indignant"].

as outras religiões também. Isso diz respeito a todos os seres humanos porque o indivíduo faz parte de seu sistema de estado, o que por sua vez se imiscui com a religião superior. E Fátima pertence à religião católica e sua crença na Mãe de Deus, pois se a religião é falsa, então nenhuma Mãe de Deus pode aparecer e anunciar um segredo capaz de abalar a Terra. Os conceitos imaginados que parecem existir no cérebro dos atuais professores do Vaticano ou nos farão estremecer ou balançar a cabeça e ignorar. O cardeal Ratzinger disse literalmente que Cristo era o Messias de Israel e que os judeus deveriam reconhecer Jesus (e, por tabela, a Igreja Católica como única religião verdadeira).[50]

Em quem o confuso fiel deverá confiar agora? Os cristãos católicos no mundo todo têm o dever de acreditar em Maria como a concepção "imaculada", a qual ascendeu ao Céu e é a Mãe de Deus. De certa forma, ela é a representante celestial de seu filho divino, Jesus. E essa pessoa altíssima, do sexo feminino, no Céu, apareceu às crianças em Fátima com o intuito de lhes transmitir mensagens secretas. Pela minha alma! Mas, de qualquer forma, nada é impossível no Céu. O que realmente aconteceu em Fátima? Sempre no dia 13, entre os meses de maio e outubro de 1917, três filhos de pastores em Fátima (na província de Estremadura, Portugal) tinham visões de Maria. A "Mãe de Deus do Rosário"[51] aparecia como uma mulher vestida de branco e usando uma guirlanda de estrelas em volta da cabeça. As crianças descreviam essas visões de maneira vívida e com entusiasmo. No verão e no outono de 1917, ocorreram eventos *extremamente* significativos, mesmo muito longe de Portugal. Ora, visões de Maria já haviam ocorrido antes, em outras partes do mundo, mas as de Fátima eram diferentes das outras. A Mãe de Deus mandou que as crianças voltassem *ao mesmo lugar todos os meses, no mesmo dia do mês, à mesma hora*. Elas obedeceram e cada vez mais pessoas as acompanhavam até o campo. As outras pessoas presentes não tiveram as mesmas visões, mas observaram as crianças se ajoelharem e

---

50. *Focus*, nº 37/2000: "Ganze Grösse von Gottes Wort" ["The Greatness of God's Word"].
51. Algermassen, Konrad *et al. Lexikon der Marienkunde* [*A Dictionary of the Cult of Mary*]. Regensburg, 1957.

viram seus rostos se transfigurarem enquanto obviamente conversaram com alguém "lá em cima".

Portanto, não devemos nos surpreender quando ouvimos que uma procissão enorme, com cerca de 70 mil pessoas, se dirigiu ao campo no dia 13 de outubro de 1917, para quando a Mãe de Deus anunciara um milagre. Naquele dia choveu torrencialmente, condição terrível para um evento milagroso. Mas, de repente, as nuvens se abriram, um canto de céu azul se mostrou e teve início o "milagre do Sol de Fátima".[52][53]

O Sol começou a tremer e balançar. Fez movimentos abruptos para a esquerda e a direita, e, por fim, começou a girar em torno do próprio eixo como uma gigantesca roda de fogo, em grande velocidade. O corpo celeste jorrava cascatas de cores, verde, vermelho, azul e violeta, e inundou o cenário de uma luz irreal, sobrenatural, segundo diziam.

Setenta mil pessoas, entre elas jornalistas, testemunharam o evento e, posteriormente, confirmaram que o Sol parou de girar por alguns minutos, como se quisesse dar às testemunhas uma pausa para descansar. De repente, recomeçaram os fogos de artifício. Segundo os observadores, era indescritível. Após uma segunda pausa, o Sol dançou novamente pela terceira vez, com a mesma aparência esplêndida. O milagre do Sol durou 12 minutos e foi visto dentro de um círculo de cerca de 40 quilômetros.

Ainda hoje, os vitraleiros na Basílica de Fátima reproduzem esse milagre do Sol nos vitrais. Apesar das medidas iniciais por parte do governo de suprimir a ideia, Fátima se tornou o destino de muitas peregrinações. Até hoje, é um dos lugares mais procurados do mundo pelos peregrinos. No primeiro e no último dia das visões, 13 de maio e 13 de outubro de todo ano, Fátima parece um jardim gigantesco de expectativas. Milhares aguardam uma visão, um milagre; o que mais agradaria a todos seria ver o milagre do Sol novamente. Isso se aplica até aos papas, muitos dos quais viajaram a Fátima. Nunca em outro dia, mas sempre no dia 13 de cada mês.

---

52. Apio, Garcia. *Bodas de ouro de Fátima*, Lisboa.
53. Renault, Gilbert. *Fátima, esperança do mundo*, Paris, 1957.

Três crianças – Jacinta Martos, Francisco e Lúcia Santos – tiveram essas visões "da Querida Senhora de Fátima" e, ao mesmo tempo, receberam as palavras dela, aparentemente de maneira telepática. O menino Francisco morreu em 4 de abril de 1919, quando tinha apenas 11 anos. Jacinta também morreu jovem; apenas Lúcia sobreviveu. Ela entrou para o mosteiro da Santa Thereza de Coimbra, onde passou dos 90 anos. Se pudermos crer nas versões da Igreja, a freira Lúcia só anotou o segundo segredo de Fátima em 13 de junho de 1929, e revelou o terceiro em 31 de agosto de 1941 – 24 anos *após* as ordens da Mãe de Deus. Por que tão tarde?

Supõe-se que as crianças viram os fogos do Inferno no primeiro segredo. "Nossa Senhora nos mostrou um mar gigante de fogo, que parecia estar no fundo da terra. Vimos o Diabo e as almas imersas nesse fogo, como se elas fossem transparentes, carvões negros ou marrons em brasa na forma de pessoas..."

Essa declaração por parte das crianças videntes é diametralmente oposta à declaração do papa João Paulo II. Em julho de 1999, ele explicou, com clareza, o que deveríamos esperar do Paraíso e do Céu. Suas palavras foram publicadas no boletim da Ordem Jesuíta, *Civilta Cattolica*.[54] O Paraíso, segundo o Santo Padre, não era um lugar acima das nuvens onde os anjos tocam harpas, mas um estado de espírito que ocorre após a morte. Na praça São Pedro, o idoso pontífice explicou aos peregrinos que o Paraíso era uma relação viva, pessoal com a Santíssima Trindade. Era uma "comunidade abençoada daqueles que permaneceram leais a Jesus Cristo em seu tempo de vida". Após tal declaração, claro, o papa tinha de expor sua posição quanto ao Inferno. Este não era "um reino onde as almas dos condenados ardem em fogos infernais e são torturadas de várias maneiras". Não. Segundo João Paulo II, o Inferno é um "estado de espírito em que se encontram aqueles que sempre rejeitaram Deus e, conscientemente, praticaram o mal". Esses indivíduos seriam condenados a jamais alcançar a alegria de estar na presença de Deus.

---

54. *Welt am Sonntag*, n. 30, 25 de julho de 1999. "Der Papst verkündet des Paradies neu" ["The Pope Announces a New Paradise"].

Como as crianças de Fátima poderiam ter visto o Inferno que, de acordo com a declaração papal, não existia?

No segundo segredo, a senhora com uma coroa de estrelas anunciou que um grande reino seria destruído se não fosse finalmente reconhecido e venerado em nível mundial, e se os seres humanos não abandonassem seus ensinamentos errôneos. Os papas – ou alguns cardeais, não se sabe com certeza – interpretaram esse "grande reino" como a Rússia, embora o texto original da vidente Lúcia não mencionasse a palavra "Rússia" em parte alguma. O papa Pio XII falou de um reino no qual, em épocas passadas, o "ícone reverenciável" era adorado. Sabemos hoje que ícones não apenas são reverenciados na Rússia, mas também foram venerados nos primeiros séculos da Igreja Cristã. Essas interpretações se assemelham incomodamente com o oráculo de Delfos, na antiga Grécia. Naquela época, o governante riquíssimo Creso perguntou ao oráculo se deveria ou não combater os persas. A Pítia de Delfos respondeu que se ele atravessasse o rio Hális, destruiria um grande reino. Em 546 a.C., o intrépido Creso cruzou o Hális com suas tropas, esperando vitória, e foi totalmente derrotado pelos persas. O "grande reino" que ele destruiu foi o dele mesmo.

No segundo segredo de Fátima, houve outro anúncio que sob o pontificado do papa Pio XII se iniciaria uma horrível guerra mundial: "Se virem uma noite iluminada por uma luz desconhecida, saberão que é um grande sinal dado por Deus de que Ele punirá o mundo por seus erros, por meio de guerra, fome, perseguição da Igreja e do Santo Padre".

Até hoje não me lembro de jamais ter visto uma noite "iluminada por uma luz desconhecida", tampouco me recordo de que a Segunda Guerra Mundial representasse algum tipo de julgamento ou punição para destruir os infiéis. A Rússia (na época, União Soviética) fazia parte das potências vitoriosas, e a Alemanha ficou em ruínas. Inúmeras igrejas católicas também foram destruídas.

Agora chegamos ao terceiro segredo de Fátima, e a dança dos véus recomeça. A freira Lúcia teria escrito o segredo em 31 de agosto de 1941, acrescentando mais alguma coisa em 8 de dezembro do mesmo ano. Entretanto, consta que ela somente fez uma cópia organizada das próprias anotações em 3 de janeiro de 1944, sob "instruções de Sua Excelência, o reverendíssimo bispo de Leiria, e da Santa Mãe". O bispo lacrou o envelope contendo o segredo e o guardou em seu cofre durante 13 anos. Somente no dia 4 de abril de 1957, ele entregou o envelope lacrado ao arquivo secreto do Santo Ofício em Roma. O gentil bispo generosamente informou a Irmã Lúcia desse fato.

É inacreditável! Temos aqui uma criança que recebe uma mensagem misteriosa, porém muito importante, da Mãe de Deus, a Rainha do Céu e mais alta representante da Igreja Romana, em 1917. A criança, que depois se tornou freira em um convento, não anota coisa alguma até dali a 24 anos, e três anos depois, essas notas, "sob instruções do bispo... e da Santa Mãe", são postas no papel de forma organizada. Apesar da natureza explosiva do conteúdo dessa escrita, o bispo fica com os papéis por 13 anos, e, por fim, os transfere para o Santo Ofício em Roma. E o que fazem os cavalheiros daquele círculo secreto?

No dia 1º de agosto de 1959 – um ano e meio depois! –, o segredo é passado para o homem no mais alto posto da Igreja, o papa João XXIII, tudo em acordo com o "Reverendíssimo Cardeal Alfredo Ottavani e o Comissário do Santo Ofício, o Padre Pierre Paul Philippe O. P.". Quem é, na verdade, o chefe no Vaticano? O papa ou alguns padres no Santo Ofício? E por que é necessário um "acordo" para que um documento tão importante seja entregue ao homem de posto mais alto na Igreja? E por que em 1959?

Dizem-nos que a razão era que a "Querida Senhora de Fátima" exigira que o segredo fosse revelado a toda a humanidade no dia 17 de outubro de 1960, 43 anos após a aparição de Fátima. Foi isso que a própria irmã Lúcia anotou no lado de fora do envelope lacrado com o terceiro segredo. Ela escreveu que o patriarca de Lisboa ou o bispo de Leiria deveria abrir o envelope. Posteriormente, Lúcia afirmou que não foi a senhora que determinou a data em 1960, mas ela mesma, porque "eu sentia que as pessoas não compreenderiam a mensagem antes de 1960".

Se isso for verdade, então uma freira humilde, em um convento, teria sido a pessoa que decidiu quando uma mensagem incrivelmente importante, transmitida pela própria Rainha do Céu, seria passada para seus representantes terrenos. E o que fazem, então, esses representantes terrenos com essa mensagem exclusiva? O papa João XXIII disse aos senhores do Santo Ofício: "Aguardemos. Rezarei e, depois, informarei minha decisão".[55]

O papa João XXIII resolveu, enfim, lacrar o envelope novamente, devolvê-lo ao Santo Ofício e não revelar o segredo ao mundo. O sacerdote-chefe da Igreja Católica julga-se mais esperto e mais sábio que a própria Mãe de Deus, que deveria saber por que escolheu as crianças videntes para participar de sua visão.

O papa seguinte, Paulo VI, leu o segredo com o substituto, Sua Excelência Monsenhor Angelo Dell'Acqua, em 27 de março de 1965, e decidiu também devolver o envelope ao Santo Ofício, com o conselho de *não* divulgar o texto. Que extraordinário! Se o segredo fosse tão simples como o apresentam hoje, e na forma finalmente divulgada, não haveria o menor motivo para que os papas João XXIII e Paulo VI *não* liberassem o texto. A versão que apresento no início deste capítulo fala, supostamente, do martírio da Igreja e do papa no século *passado*. Está em conformidade com a explicação dada pelo cardeal Ratzinger. O que teria impedido os papas de tornar pública uma história que se referia ao passado?

Não se sabe quando João Paulo II leu pela primeira vez o segredo de Fátima. Deve ter sido *antes* de 1980, pois, do contrário, não poderia falar dele durante sua visita a Fulda no mesmo ano. Ele pediu para ver o envelope lacrado uma segunda (ou terceira?) vez após o atentado que sofreu em 13 de maio de 1981. Em 18 de julho de 1981, Sua Eminência, o cardeal prefeito da Congregação, Franjo Seper, entregou dois envelopes a Sua Excelência, monsenhor Eduardo Martinez Somalo: um branco, contendo o texto original em português da irmã Lúcia; e um laranja, com a tradução italiana. O papa abriu os explosivos envelopes e, em seguida, devolveu-os ao Santo Ofício (por meio de Martinez).[56]

---

55. Aus dem Tagebuch von Johanness XXIII vom 17 August 1959, Audienzen P. Philippe, Kommissar des Hl. Offiziums [Do diário de João XXIII, de 17 de agosto de 1959].
56. Generalaudienz vom 14 Oktober 1981 über "das Ereignis vom Mai" [Audiência geral de 14 de outubro de 1981 sobre o "Evento de Maio"] in *Insegnamenti di Giovanni Paolo II* [Instruções de João Paulo II], IV, 2, Cidade do Vaticano, 1981.

E, mais uma vez, nada foi divulgado ao mundo. O atentado ao papa ocorrera dois meses antes; o Santo Padre sobreviveu e estava se recuperando em seus aposentos no Vaticano. Que motivos conclusivos ele poderia dar agora para não expor o segredo? Se acreditarmos na revelação, tudo já acontecera conforme previsto no segredo. Mas foi somente no ano 2000 que o papa decidiu que o segredo tinha de ser revelado ao mundo. Por que, se o conteúdo era tão inofensivo, seria necessário finalmente divulgá-lo?

O caso é que toda essa história não faz sentido. Já em 1983, a revista alemã *Der Spiegel* publicava:

Há provas em livros já amarelados pelo tempo de que não seria a humanidade, mas sim o Vaticano, que devia temer a divulgação do segredo.[57]

Os papas decididamente ajudaram a criar um lugar fenomenal de romarias a partir da antiga aldeia de Fátima. No meio da Segunda Guerra Mundial, em 17 de outubro de 1942, o papa Pio XII dedicou Fátima ao Imaculado Coração de Maria. Em 13 de maio de 1982, o papa João Paulo II visitou Fátima e celebrou uma missa diante de 100 mil fiéis, durante a qual a Santa Mãe de Deus, a Imaculada Conceição, foi venerada com grande fervor. Em 19 de abril de 2000, o papa escreveu a seguinte carta à idosa irmã Lúcia no convento de Coimbra:

Por ocasião desta felicíssima comemoração da Páscoa, eu a cumprimento com a bênção que o Ressuscitado concedeu a seus discípulos: "A paz esteja convosco!" Anseio por me encontrar com você no dia da beatificação de Francisco e Jacinta, que, se Deus assim o desejar, será no próximo 13 de maio. Como não haverá tempo para uma conversa, mas apenas um breve cumprimento, instruiu Sua Excelência, Monsenhor Tarcisio Bertone, o secretário da Congregação para o Ensino da Fé, que a visite e converse com você. Essa Congregação trabalha em harmonia com o papa com a finalidade de proteger a Fé Católica e, como sabe, desde 1957 guarda sua carta escrita à mão que contém a terceira parte do segredo revelado em 13 de julho de 1917, na Cova da Iria, Fátima. Monsenhor Bertone, que será acompanhado por Sua

---

57. *Der Spiegel*, nº 51/1983: "Dir, o Mutter ganz zu eigen" [Artigo sobre Santa Maria].

Excelência, monsenhor Serafim de Sousa Ferreira da Silva, o bispo de Leiria, irá até você em meu nome a fim de fazer algumas perguntas a respeito da interpretação do "terceiro segredo". Reverendíssima irmã Maria Lúcia, por favor, fale com franqueza e sinceridade com monsenhor Bartone, que me passará todas as suas respostas.

Rezo à Mãe do Ressuscitado por você, pela comunidade de Coimbra e por toda a Igreja. Que Maria, a Mãe da Humanidade no caminho dos peregrinos, nos guarde sempre perto de Jesus, seu filho amado, nosso irmão, o Senhor da Vida e da Glória.

Com uma bênção apostólica especial,
João Paulo II.

Cem anos se passaram desde que os segredos foram revelados às crianças de Fátima. O papa João Paulo II conheceu o segredo, mas foi somente no ano 2000 que o Santo Padre resolveu enviar um emissário de alta patente ao convento de Coimbra para fazer algumas perguntas sobre a interpretação do terceiro segredo à idosa e venerável freira, irmã Lúcia.

Claro que ninguém sabe o que foi realmente discutido naquele encontro. O Vaticano meramente afirmou que irmã Lúcia identificou o papel onde o segredo fora anotado como sendo de fato o seu. Nas palavras dela, "a senhora" (a Mãe de Deus) não citou o nome do papa, na visão. "Nós não sabíamos se era Bento XV, ou Pio II, ou Paulo VI, ou João Paulo II, mas era o papa que sofria e, com isso, causava nosso sofrimento também".

Quem acredita nisso insinua que o bom Senhor, ou a Mãe de Deus, é incapaz de se manifestar com clareza. Isso significa que não é possível para o Poder Divino transmitir claramente imagens e mensagens ao cérebro das crianças. Algumas perguntas devem ser feitas para dissipar a névoa que cerca os eventos de Fátima:

- Aconteceu mesmo alguma coisa em Fátima, ou tudo não passou de uma invenção por parte das crianças videntes?
- Por que o Todo-Poderoso divino transmitiu mensagens ao cérebro de crianças e não de adultos, ou, em nossos tempos, diretamente por mídia eletrônica?

- Quem ou o que se manifestou em Fátima?
- O Vaticano está mentindo?
- Se estiver, por quê?

Em 2000, a única sobrevivente aos eventos de 1917 era irmã Lúcia. Podemos questionar sua credibilidade, pois ela somente anotou sua experiência extraordinária 24 anos depois. Não há dúvida, porém, quanto ao milagre do Sol de Fátima, pois foi testemunhado por 70 mil pessoas. O que aconteceu com essa multidão em 13 de outubro de 1917 se tornou matéria de jornais. Foi fotografado, embora apenas em branco e preto. Não há como negar o milagre do Sol; de fato, algo fora do comum aconteceu em Fátima. Aquelas 70 mil pessoas não podiam todas ter sofrido transtornos sensoriais. Cientistas céticos e jornalistas críticos também presenciaram o fenômeno, que afinal de contas se estendeu por 12 minutos. E, além disso, esse milagre do Sol fora anunciado de antemão às crianças de Fátima. Foi *por causa* do anúncio que toda aquela gente partiu em procissão ao campo. Portanto, Lúcia *deve* ter recebido uma mensagem. Mas o que ocorreu, de fato? E por que ocorreu por meio das crianças? Antes de penetrar o cerne da questão, precisarei explicar algumas coisas.

Lamentavelmente, nunca testemunhei uma aparição. Desde a primeira vez em que fiquei em Lourdes, em 1964; porém, compreendo que o fenômeno das aparições é real. Observei pessoas em estado de êxtase, ouvi-as cantando com almas em sofrimento, e vi quão grande era sua dor. Mais de 150 anos atrás, uma menina de 14 anos, em Lourdes (França), testemunhou a aparição de uma mulher de branco em uma pequena gruta rochosa. Desde então, cinco milhões de pessoas seguem para Lourdes todos os anos e rezam com fervor à Mãe de Deus. Resultaram desse fenômeno curas milagrosas comprovadas cientificamente. Como é possível, se a Mãe de Deus é uma mera invenção da Igreja, engendrada e anunciada pela primeira vez no Concílio de Éfeso?

No começo é sempre uma visão, uma aparição, o encontro entre um indivíduo ou um grupo pequeno de pessoas com membros da família de Deus (ou deuses). No Ocidente cristão, esses eventos geralmente envolvem Maria, a Mãe de Jesus. Não são aparições de espíritos neutros; nenhum conselho é dado quanto ao que as pessoas devem ou não fazer, ou a respeito de proibições. Toda aparição personificada se afirma como emissária do Céu, um mensageiro divino que tem o poder de ajudar ou destruir a humanidade. Essas aparições interferem em questões religiosas ou políticas, e penetram inclusive as mentes de grupos de soldados. Esboço, a seguir, alguns desses videntes, lugares e circunstâncias, com o objetivo de explicar o fenômeno.

Na primavera de 1947, houve uma aparição em Montichiari, dez quilômetros ao sul de Bréscia, Itália. Em uma capela de um hospital, uma jovem enfermeira chamada Pierina Gilli viu uma linda senhora usando um vestido violeta flutuando acima do altar. A estranha senhora chorava. De seu peito, sem uma única gota de sangue escorrendo, se projetavam três espadas. A mulher desconhecida disse, com amargura: "Oração – sacrifício – arrependimento".

Claro que a piedosa senhorita Pierina ficou confusa. Seus olhos e sua mente a estariam enganando? Ou a pequena Pierina estava diante de uma primeira visão? O milagre se repetiu em 13 de julho de 1947. Dessa vez, a bela mulher desconhecida vestia branco e não estava trespassada por espadas, mas de seu peito saíam três rosas: uma branca, uma vermelha e uma amarela. Ao mesmo tempo inibida e corajosa, Pierina perguntou: "Quem é você?". A mulher sorriu e respondeu, com delicadeza: "Sou a Mãe de Jesus e a Mãe de Todos... Quero que o 13 de julho seja comemorado todos os anos em homenagem ao mistério da rosa [Rosa Mystica]".[58] Lentamente, a aparição desapareceu.

Esse espetáculo incompreensível se repetiu em 22 de outubro, 16 de novembro e 22 de novembro, quando a estranha senhora prometeu solenemente aparecer mais uma vez ao meio-dia, em 8 de dezembro – não mais na capela do hospital, mas na igreja da aldeia. A notícia das estranhas experiências de Pierina se espalharam para muito além de Montichiari, chegando à zona rural da Lombardia. Assim, no dia 8 de dezembro, milhares de pessoas se deslocaram até

---
58. Tengg, Franz. *Ich bin die geheimnisvolle Rose* [*I Am the Mystic Rose*]. Viena, 1973.

a aldeia. A principal personagem desse evento dramático, Pierina Gilli, teve de ser ajudada a passar pela muralha de pessoas até a igreja, com grande esforço. Lá, ela rezou o terço junto a outros fiéis e muitos curiosos. De repente, gritou: "Oh! A Madonna!"

Todos se silenciaram. Mas ninguém viu coisa alguma. Ou melhor, alguns não tinham certeza se viram ou não. De qualquer forma, os olhos de todos estavam grudados em Pierina; ninguém queria perder uma única palavra dela com a Mãe de Deus. A mensagem foi passada em falas rápidas, sussurradas, às massas que aguardavam do lado de fora da igreja.

Compreenderam que Pierina viu a Mãe de Deus em uma escada alta, branca, e novamente enfeitada com rosas brancas, amarelas e vermelhas. Com um sorriso celestial, a senhora revelou: "Sou a imaculada Conceição, sou Maria das Mercês, Mãe de meu filho divino, Jesus Cristo".

Enquanto descia os degraus brancos, como em um show montado, ela disse a Pierina: "Após esta minha vinda a Montichiari, desejo doravante ser chamada de 'a Rosa Mística'". Quando chegou ao degrau mais baixo, ela profetizou: "Aquele que rezar sobre esses tijolos e derramar lágrimas de arrependimento encontrará, certamente, uma escadaria para o Céu, e receberá a proteção e a misericórdia de meu coração materno".

Dezenove anos se passaram sem que nada mais acontecesse. Como sempre ocorre nesses casos, Pierina foi debochada por algumas pessoas e venerada por outras como santa. A partir de 8 de dezembro de 1947, a igreja de Montichiari foi o destino daqueles que acreditavam em milagres e dos que buscavam cura, pois, sem dúvida, milagres e mais milagres se acumulavam ali.

Pierina passou o domingo após a Páscoa, 17 de abril de 1966, na aldeia vizinha de Fontanelle, a apenas três quilômetros de distância. Enquanto descansava nos degraus de uma pequena fonte, súbita e inesperadamente, a "Rosa Mística" flutuou sobre a água. Instruiu Pierina a beijar os degraus do mais baixo ao mais alto, três vezes, e solicitar que fosse erguido um crucifixo no lado esquerdo do degrau mais baixo. Todos os doentes, disse a aparição, antes de tomar da água da fonte deveriam pedir perdão a Jesus por seus pecados e beijar o crucifixo. Pierina seguiu as instruções. No dia 13 de maio de 1966, às 11h40, quando cerca de 20 pessoas rezavam com Pierina ao lado da fonte, a "Rosa Mística" apareceu novamente e transmitiu o seguinte desejo: "Quero que seja construída aqui uma bacia confortável, para que os doentes possam mergulhar na água". Pierina já estava bastante acostumada com a aparição e perguntou à senhora enfeitada com rosas: "Como a fonte deverá ser chamada?" A senhora respondeu: "A fonte de Misericórdia". Pierina, então, perguntou: "O que a senhora deseja que aconteça aqui em Fontanelle?" "Obras de caridade para os doentes que aqui virão",[59] foi a resposta. Em seguida, a "Rosa Mística" desapareceu.

Oito de junho de 1966, à tarde. Mais de 100 pessoas estão ajoelhadas e rezando ao lado da fonte. Pouco depois das 15 horas, Pierina junta-se a elas. Pede aos visitantes que rezem o terço uma vez, com ela. Dali a alguns momentos, Pierina os interrompe e anuncia: "Olhem para o céu!" Dessa vez, alguns dos fiéis veem uma mulher de branco flutuando a uns seis metros acima da fonte.

A senhora carrega três rosas novamente e pede que sejam confeccionadas hóstias do milho de um campo vizinho. Essas hóstias devem ser levadas a Fátima no dia 13 de outubro. Quando a misteriosa senhora está prestes a desaparecer, Pierina pede que fique. A senhora chega a se virar e escuta enquanto Pierina lhe fala dos problemas daqueles ali presentes.

Seis de agosto de 1966, à tarde. Mais de 200 pessoas estão rezando perto da fonte. Às 14h30, Pierina chega e novamente pede que rezem o terço com ela. Durante a reza do quarto mistério do rosário, Pierina interrompe: "Nossa Senhora Querida está aqui!".

As conversas e orações cessam. Todos ouvem Pierina conversar com um ser que, para eles, é invisível. Quando ela pergunta à senhora o que deveria fazer com as hóstias feitas em casa, a "Rosa Mística" responde que parte dos grãos deve ser enviada a seu "querido e amado filho, o papa Paulo", com uma nota explicando que os grãos foram abençoados pela presença dela. Além disso, o restante

---

59. *Apparitions of Mary in Montichiari and Fontanelle*, (Immaculata). Lucerne, 1967.

deveria ser usado para assar pães que seriam distribuídos em Fontanelle em memória de sua vinda. Desde então, todos rezam e esperam em Fontanelle, bem como em Montichiari. Dia e noite. Assim como ocorre em muitos lugares onde houve aparições. Uma pessoa desconhecida até aquele momento vê algo, diz aos outros, e as séries de orações começam. Mas como pode uma Mãe de Deus se manifestar se, sob uma perspectiva histórica, ela nunca existiu? Como a aparição pode se apresentar como "a imaculada Conceição" e "Mãe do divino filho Jesus Cristo", se ambas as afirmações são falsas? Por que a estranha senhora aparece primeiro com espadas no peito e, depois, com rosas que parecem brotar de seu corpo? Por que a Mãe de Deus insistiria tanto em ser chamada de "Rosa Mística"? E por que a "Rosa Mystica" sempre aparece apenas quando Pierina está presente? Primeiro na capela do hospital, depois na igreja da aldeia e, por fim, em Fontanelle? Por que não se manifesta por 19 anos, e que benefício tem o poder divino quando Pierina beija os degraus três vezes? Por fim, por que nada aconteceu depois dos últimos eventos aqui narrados? Existirá alguma força aí brincando com os humanos?

O método de circundar um problema com possibilidades não é invenção minha. As explicações sobre fenômenos peculiares exigem procedimentos metódicos; e as circunstâncias dos fatos devem ser determinadas.

Passei 35 anos lidando com aparições de todos os tipos. Quando comecei a criar um arquivo de casos, não tinha ideia da quantidade enorme de material impresso que cairia em meu caminho. Precisei ser seletivo, o que significa que escolhi casos que representassem muitos outros semelhantes, de modo que pudesse oferecer uma resposta possível a partir da soma das características. O fato de mais de 40 mil (!) aparições terem sido contadas só no mundo cristão dá uma ideia da natureza polissemântica da questão. Uma coisa que notei logo, enquanto examinava o material, foi que as aparições não são um problema do presente. Podem ser encontradas por toda a história da humanidade. Uma das explicações psicológicas, portanto, cai por terra, se considerarmos essa observação. Ouvi repetidas vezes que as aparições ocorrem no cérebro de crianças, simplesmente porque elas não conseguem lidar com os problemas de nossos tempos atuais. Grande bobagem, é o que posso dizer a respeito disso, com base em minha experiência.

Todos os anos, em 16 de agosto, os fiéis rezam diante de um pano embebido em sangue em Iborra, Espanha. Isso acontece desde 1010. Naquela época, o reverendíssimo Bernard Olivier, enquanto tocava o sino durante a consagração, teve uma súbita dúvida quanto ao fato de o vinho realmente se transformar no sangue de Cristo. De repente, o vinho tinto (ou sangue) aumentou de uma forma misteriosa e escorreu da mesa do altar até os degraus e, por fim, pelo piso da capela. A assembleia ficou apavorada. Algumas mulheres resolutas apanharam panos e começaram a limpar o sangue. O papa Sérgio IV (1009-1012) permitiu a adoração pública do tecido tingido de sangue em Iborra, que ocorre até hoje. Isso mostra que não são apenas as figuras santas que causam manifestações.

O piedoso Monsenhor Thierry, reitor da Universidade de Paris, foi assassinado em Pirlemont, Brabant, em 1073. Os assassinos brutais jogaram o corpo dele em uma lagoa lamacenta. Quando patrulhas de busca vasculhavam a área procurando o corpo de Monsenhor Thierry, uma luz fantasmagórica brilhou de dentro da lagoa. Em agradecimento por essa estranha aparição, um artista pintou, em um painel de madeira, uma imagem da Mãe de Deus flutuando acima da água. Em 1297, a imagem foi transferida para uma nova capela. Durante as celebrações para a consagração oficial, ela começou a brilhar e logo ficou envolta em luz, como chamas.[60] Centenas de pessoas testemunharam a cena e algumas até a descreveram. Nenhuma figura santa foi observada no decorrer desse fenômeno.

Em uma colina chamada Codol, a cinco quilômetros de Javita, perto de Valência, Espanha, um pequeno contingente de guerreiros cristãos lutava contra um exército islâmico, em número muito superior, no dia 23 de fevereiro de 1239. Antes da batalha, seis dos chefes cristãos pediram a santa comunhão. Passaram pela confissão, mas não puderam comungar porque naquele exato momento o grito de batalha do inimigo ressoou desde o castelo Chio, nas proximidades,

---

60. Speelman, E. *Belgium Marianum*. Paris, 1859.

penetrando a igreja. Os chefes apressaram-se para pegar nas armas. Temeroso de que os muçulmanos destruíssem a igreja, o padre escondeu a toalha do altar e as hóstias debaixo de uma pilha de pedras. Os guerreiros cristãos ganharam a batalha, naquele dia. Quando o padre foi recolher a toalha do altar do esconderijo, havia seis hóstias *ensanguentadas* grudadas nela! No dia seguinte, os muçulmanos avançaram com reforços. A situação parecia perdida; os guerreiros cristãos tiveram de se retirar para o castelo Chio, que haviam tomado antes. Seguindo um palpite, o padre amarrou a toalha com as seis marcas de sangue a um mastro e o brandiu em direção ao inimigo, a partir do alto das ameias do castelo. De acordo com a lenda, raios de luz saíram da toalha do altar com tamanho poder que as forças superiores do inimigo bateram em retirada.

Tais eventos comprovariam que as aparições podem conquistar exércitos inteiros? Ou tudo não passa de uma lenda religiosa? Desde o século XIII, todo viajante na Espanha pode visitar a igreja de Daroca e observar a toalha do altar com seis marcas de sangue.[61] Devo ressaltar, porém, que o *oposto* também ocorreu, segundo as lendas; ou seja, os exércitos cristãos fugiram por causa de aparições muçulmanas. Será que os poderes divinos às vezes ajudam um lado e outras vezes, outro? E esses eventos milagrosos somente ocorrem nos mundos cristão e muçulmano?

Segundo as lendas, Roma foi fundada por Rômulo e Remo, os filhos gêmeos de Marte. Rômulo, que governou Roma entre 753 e 716 a.C., foi visitado certa vez pela aparição de Sérvio Túlio (o sexto rei romano, 578-534 a.C.), filho de Vulcano, que se manifestou como um "globo de fogo sobre sua cabeça".[62] O deus da cura, Asclépio, aparecia no templo de Epidauro (Grécia) quase com a mesma frequência com que um clínico chefe visita os leitos dos pacientes em nossas clínicas. Claro que inúmeros milagres ocorreram em Epidauro, muito antes do Cristianismo. O legislador romano Numa Pompílio, Minos (rei de Knossos) e Licurgo (legislador de Esparta)

---

61. Haesle, Maria. *Eucharistische Wunder aus aller Welt* [*Miracles of the Eucharist Around the World*]. Zurique, 1968.
62. Mensching, Gustav. *Die Söhne Gottes aus den heiligen Schriften der Menschheit* [*The Sons of God from the Holy Texts of Humankind*]. Wiesbaden. ·

costumavam receber suas ideias criativas diretamente por meio das aparições dos deuses. Eneias, herói do ciclo troiano de lendas, apareceu a seu filho Ascânio depois de morrer, usando armadura completa e na companhia de todos os seus seguidores. O antigo fundador iraniano de uma religião, Zoroastro, que foi um profeta ativo por volta de 600 a.C., recebeu as passagens decisivas de seus escritos religiosos (*Avesta*) por meio de diversas visões. Maomé, o fundador do Islã, que proclamou Alá, recebeu muitas das revelações que compuseram o Alcorão por intermédio de visões.

E por aí seguimos. Visões ou aparições de todos os tipos influenciaram o pensamento no decorrer de toda a história da humanidade, até chegar a Fátima. O que é particularmente notável é que em 90% dos casos, são as crianças as receptoras ou transmissoras desses fenômenos transcendentais. Aliás, tal fato me parece lógico. Antes da puberdade, as crianças não têm preocupações. Suas opiniões ainda não são rígidas e a consciência delas ainda não passou pelo processo de lavagem cerebral do dia a dia. As crianças ainda possuem a curiosidade ingênua e a imaginação fértil.

Posso imaginar quadros sendo projetados na mente das crianças e, na sequência, informações transmitidas por via telepática. Isso demonstraria que as aparições não eram objetivas nem passíveis de serem fotografadas ou mensuráveis, mas sob o ponto de vista da criança, seriam subjetivas e claramente perceptíveis por meio do sistema límbico. A criança é capaz de jurar que viu a aparição, enquanto os demais presentes nada perceberam. Mas como um pensamento absurdo pode ser criado em um cérebro, por exemplo, de que uma mulher misteriosa deseja ser chamada de "Rosa Mística"? Será que os humanos que veem tais coisas têm predisposição psíquica ou a aparição, com todas as manifestações que a acompanham, é algo oriundo da mera imaginação? Se for pura fantasia, de onde vêm as manifestações posteriores tais como curas de doença, ou o milagre do Sol de Fátima, testemunhado por cerca de 70 mil pessoas? E se for uma "imagem projetada diretamente no cérebro, por meio de telepatia", quem está fazendo essa projeção? Quem envia a transferência de pensamento?

Todas as aparições são repletas de contradições. No caso das aparições de Maria, a Mãe de Deus, ela sempre se refere ao poder que lhe é conferido por seu filho. Se de fato ela possui esse poder, além do desejo ardente de ser venerada pelos fiéis de todo o mundo, por que, então, aparece em lugares tão ermos, geralmente a pessoas pobres, que quase nada podem fazer para cumprir o desejo da senhora? Lugares de peregrinação como Fátima, Lourdes ou Guadalupe (no México) são exceções, uma vez que se tornaram centros de renome mundial para o culto a Maria. A maioria das outras aparições ocorreu com um mínimo de publicidade. As aparições de Maria são basicamente um fenômeno católico. Fiéis de todas as outras religiões sabem muito pouco sobre Maria como a Mãe de Deus, ou nem reconhecem sua Assunção (ao Céu) em corpo físico.

Todos os anos, o papa dá sua bênção *urbi et orbi* (à cidade de Roma e ao mundo) em dias de comemorações importantes na Igreja, a partir da sacada de seu palácio em Roma. As estações de televisão transmitem essa importantíssima bênção papal ao mundo inteiro, e um mar de 200 mil fiéis celebram na praça de São Pedro. Se algum poder divino realmente quisesse ser mais cultuado do que fora até o momento e desejasse que mais humanos se arrependessem de algo em sua vida, então por que – por favor, me digam! – não fazem uma aparição apropriada bem ali, na praça de São Pedro?

E a situação se torna ainda mais confusa. Em setembro de 2000, o jornal *Welt am Sonntag* relatou aparições de Maria no Egito.[63] A Virgem teria aparecido várias vezes acima da igreja de São Marcos, na cidade de Assiut. A princípio, surgiram pombas brancas; em seguida, foi visto um raio de luz tão forte e fantasmagoricamente brilhante que os observadores tinham de desviar os olhos. O semanário oficial da Igreja Copta no Egito, *Watani*, relatou que revoadas inteiras de pombas brancas subitamente permaneceram no ar acima da cúpula da igreja. Essas pombas possuíam penas longas. Depois dos pássaros, apareceu o raio de luz brilhante e, por fim, a "Virgem Maria". Desde então, um número infindável de peregrinos visita Assiut. Os fiéis marcham até a igreja de São Marcos para rogar pelas bênçãos da Mãe de Deus. Segundo várias tradições, as aparições de Maria se

---

63. *Welt am Sonntag*, n. 36, 3 de setembro de 2000: "Marienscheinungen am Nil" ["Apparitions of St. Mary on the Nile"].

repetem continuamente no Egito. Só neste século, três delas foram confirmadas em caráter oficial pela Igreja Copta.

E em que categoria todas essas aparições de Maria se enquadram? A Mãe de Deus "que ascendeu ao Céu" é, afinal, um dos dogmas da Igreja Católica Romana. Então, por que a mais alta representante feminina da Igreja Católica não se restringe à sua igreja? Os católicos não possuem direito exclusivo sobre a Mãe de Deus? Ela se mostra aos fiéis de outras religiões? E por quê? Nenhuma mensagem telepática foi transmitida em Assiut.

A primeira aparição da Mãe de Deus na América ocorreu em 9 de dezembro de 1531. Os espanhóis tinham conquistado a América Central. Houve uma guerra religiosa no México, e os espanhóis venceram. Centenas de milhares de maias e astecas foram dizimados; uma conciliação entre as duas culturas parecia impossível. De repente, no começo de uma manhã de dezembro de 1531, Juan Diego, um indígena de 51 anos, ouviu uma música estranha que não parecia vir de nenhum lugar específico. Juan olhou em volta e ouviu uma voz vinda do céu, pedindo-lhe que escalasse a colina chamada Tepeyac. Quando ele chegou ao topo, viu uma mulher linda, cuja túnica brilhava como o Sol. As rochas ao redor, inclusive aquela sobre a qual se encontrava a mulher, cintilavam como ouro e esmeraldas. "Ouça-me, Juanito, o menor de meus filhos, para onde quer ir?", a voz lhe perguntou. Juan desejava ir ao outro lado da colina, mas a senhora lhe pediu que procurasse o bispo do México e lhe falasse sobre o contato com ela. O bispo não acreditou em uma única palavra do que o nativo lhe disse. Juan voltou à colina e pediu à senhora, que prontamente apareceu de novo, que lhe desse algo como evidência de sua vinda. A mulher mandou Juan apanhar flores, enrolá-las em um manto e levá-los ao bispo.

Juan obedeceu. Embora os guardas do palácio tentassem dissuadi-lo, Juan finalmente conseguiu penetrar o recinto e chegar até o bispo. Havia outras pessoas na sala. Juan relatou o que a senhora lhe dissera e abriu o manto com as flores. Naquele momento, uma luz branca cegante apareceu e o manto de Juan se transformou em uma imagem da senhora, diante de todos os presentes. Ela vestia um manto azul brilhante decorado com estrelas douradas, e raios vermelhos e brancos se projetavam do manto.

Hoje, na colina de Tepeyac, se encontra o maior santuário a Maria já construído nas Américas, a Nacional Basílica de la Santísima María de Guadalupe. Milhões de fiéis rezam para a Mãe de Deus e olham fixamente para o manto de 1531, que nem deveria existir. O manto é feito de fibras de agave que se deterioram rapidamente e, na melhor das hipóteses, duram cerca de 20 anos. Esse tecido, porém, está pendurado acima do altar há quase 500 anos. E não para por aí. O pano, que foi examinado por especialistas, incluindo pintores em várias universidades, é, na realidade, incolor. Não contém traços de cor alguma. Entretanto, 20 milhões veem o tecido colorido todos os anos. As constelações de estrelas no manto azul correspondem às 46 estrelas que seriam visíveis no México no inverno de 1531. E como confirmam as fotografias microscópicas, os olhos da senhora refletem imagens do bispo e dos demais presentes na sala, quando Juan Diego abriu seu manto de flores.

Estive na Basílica de Guadalupe, percorri o longo corredor ao lado de muitos outros fiéis e vislumbrei, fascinado – assim como os outros – a imagem colorida que não contém cor. Um milagre. Em Guadalupe, não há como negar. Lá, uma senhora divina se manifestou e deixou um objeto material como evidência de sua presença. Aliás, após essa aparição, as barreiras sexuais entre os conquistadores espanhóis e os nativos, habitantes originais, caíram e um novo tipo de humano, completamente diferente, foi criado. Também ocorreu uma reconciliação total entre as religiões rivais.

O papa é infalível e esse é um dogma da Igreja Católica. Seguidor das ordens de Jesus ao apóstolo Pedro, no Céu, "será ligado tudo o que você ligar na terra, e será desligado tudo o que você desligar na terra". Os papas romanos veem a si próprios como sucessores diretos do apóstolo Pedro e, portanto, nada podem fazer de errado em termos eclesiásticos, pois mesmo que anunciassem algo errôneo, seria abençoado no Céu, enfim. Ora, a história nos mostra que os papas não são infalíveis, mesmo nas questões da Igreja. Meu conterrâneo, o teólogo e professor, doutor Hans Küng, comentou: "Os erros nos ensinamentos da Igreja são numerosos e graves; hoje, quando não se proíbe mais a discussão aberta, tal fato não pode mais ser contestado nem pelos teólogos conservadores dentre os líderes da Igreja".[64] A condenação de Galileu Galilei, que ensinava que a Terra girava em torno do Sol e não o contrário, a condenação da teoria da evolução por Darwin e a excomunhão do patriarca de Constantinopla foram todas baseadas em erros conhecidos. Sem falar no controle católico da natalidade. A lista de decisões erradas seria muito longa.

Os papas acreditam que são guiados pelo Espírito Santo, em sua posição como professores. Mas como? Com todos *aqueles* erros? De acordo com o ensinamento da Igreja, o Espírito Santo é igual a Deus, pois Pai, Filho e Espírito Santo são um. Isso significa que Deus anuncia coisas erradas por meio do Espírito Santo e seus representantes terrenos. A falta de lógica dessa ideia é um bicho que morde o próprio rabo. O professor doutor Hans Küng teve sua permissão de lecionar religião revogada pela Igreja por causa do seu questionamento crítico. Depois desse episódio, ele se tornou professor de Teologia Ecumênica na Universidade de Tübingen, tendo permissão para refletir sobre a ética do mundo. O mesmo aconteceu com seu contemporâneo, Eugen Drewermann. Esse doutor em teologia também teve a licença suspensa e não pôde mais lecionar religião porque pensava alto – alto demais. Drewermann questionava o Deus de misericórdia e bondade, até o ponto de não se conter mais:

Um Deus que é capaz de fazer tudo e, no entanto, nada faz, não merece ser considerado benevolente, se testemunha tantos acontecimentos desastrosos sem tomar atitude alguma. Ou o contrário: se ele fosse de fato bom, porém incapaz de impedir os acontecimentos, não seria todo-poderoso. As duas características não podem ser unidas, sendo o mundo como é, um vale de lágrimas. Ser todo-poderoso e bom pertencem, de maneira inalienável, ao conceito do Divino, segundo a teologia cristã. Não pode haver outra conclusão; o próprio mundo contradiz o Deus cristão como seu criador. Ou, em outras palavras,

---

64. Küng, Hans. *Unfehlbar? Eine unerledigte Anfrage* [*Infallible? An Unanswered Question*]. Munique, Zurique, 1989.

a afirmativa moral incorporada na ideia cristã da deidade é exposta como absurda pela realidade do mundo.[65]

Não sou eu, Erich von Däniken, que levanta essas questões críticas e lógicas. Muitos outros já fizeram isso, entre eles vários professores de teologia, que na sequência tiveram de pegar seus chapéus e ir embora. A Igreja não tolera a inteligência. Ao contrário dos professores, eu não preciso ter medo de perder meu emprego.

A questão em torno da Mãe de Deus que apareceu em Fátima e em outros lugares, e, sem dúvida, tinha o poder de produzir um milagre do Sol, é estudada por outras pessoas também.[66] O que se manifestou lá? Quem está influenciando os humanos, ou pelo menos tenta? Aqueles que pesquisaram tais materiais têm certeza da validade de tais eventos, de que algumas dessas aparições de fato ocorreram e não são meros frutos da imaginação de algumas mentes.

Anos atrás, o doutor Johannes Fiebag, um pensador brilhante que morreu muito jovem, mas que pode ser posto no mesmo patamar de Hans Küng e Eugen Drewermann, estipulou uma hipótese que tentasse explicar algumas dessas aparições – a hipótese da mímica.[67] Na ciência, mímica é o termo usado para descrever a adaptação dos animais e das plantas ao seu ambiente. Mímica é também a aparência protetora ou a camuflagem de borboletas, gafanhotos ou camaleões, que se adaptaram ao ambiente tão bem que seus inimigos não os enxergam. Eles adquirem formas e cores que os tornam quase invisíveis. A natureza está repleta de mímica. Com base nesse fato, o doutor Fiebag perguntava se a mímica também seria aplicável a seres extraterrestres:

Vista um traje de realidade virtual, entre em um mundo criado por um programador a partir de bits e bytes, assuma a forma que quiser, ou que você crê que seria dos habitantes daquele mundo. Fada ou elfo, Deus ou o Diabo, viajante espacial ou um homenzinho verde.

---

65. Drewermann, Eugen. *Der Sechste Tag. Die Herkunft des Menschen und die Frage nach Gott* [*The Sixth Day. The Origins of Man and the Question of God*]. Zurique, Düsseldorf, 1998.
66. Drewermann, Eugen e Biser, Eugen. *Welches Credo?* [*Which Credo?*]. Viena: Basle, 1993.
67. Fiebag, Johannes. *Die Anderen. Begegnungen mit einer ausserirdischen Intelligenz* [*The Others: Meetings with an Extraterrestrial Intelligence*]. Munique, 1993.

Não importa. Deixe a imaginação correr solta. Ou use a imaginação programada e instalada com os habitantes de seu mundo artificial.

As figuras virtuais que você encontra acreditam em seres superiores que se manifestam como humanos voadores de Magônia? Sem problema. Um rápido movimento manual, você digita uma opção do menu disponível, e eis que aparece como um viajante espacial de Magônia. Aí, você retorna dali a alguns séculos. (Séculos nada significam para você, que vive fora do sistema geral.) Descobre que as inteligências alienígenas são imaginadas como sendo homenzinhos verdes que viajam velozmente pelo espaço em astronaves reluzentes e roubam os bebês de suas mães? Sem problema. Você digita outra opção do menu e, de repente, se transforma em Ufonauta.

Por que faz tudo isso? Talvez seja apenas um jogo, para você. Talvez um teste. Talvez uma experiência. Ou talvez seja um programa superior que você e seus colegas estão desenvolvendo. Talvez sirva para "elevar" o conteúdo consciente criado no mundo virtual, desenvolvê-lo, estimulá-lo no caminho da evolução além das fases de regressão ou estagnação.

Naturalmente, você sabe que não é Deus. Comete erros. Se precisar, enganará certos conteúdos conscientes, que você desenvolveu dentro do ambiente artificial de seu computador. Eles não podem perceber a verdade, seja ela qual for. Ainda não. Tudo precisa de tempo. Na frente desses "seres", você encena algo. É como um ator. Conta histórias, principalmente sobre o que eles querem ouvir: que você é realmente uma fada, ou vem de Magônia, ou que de fato furta embriões. Tudo depende. E, em seguida, você dá um sumiço em toda e qualquer evidência...

Avistamentos de Ufos, aparições de Maria e do Pé-grande, espaçonaves que se dissolvem, naves alienígenas que caem, cadáveres extraterrestres e fetos híbridos humanos/alienígenas: tudo isso é tão real ou irreal quanto a realidade total. Os Outros inclusive agem com muita astúcia e com certo senso enigmático de humor. Eles são vistos por nossos ancestrais, que acham que os Outros são deuses, não apenas como seres radiantes de luz, mas também como astronautas: os Outros usam espaçonaves, que podem ser construídas hoje; utilizam templos como bases na Terra, cujo propósito somente pode ser reconhecido agora. Eles deixam atrás de si aparelhos e outros artefatos, destinados a passar por jornadas aventurosas através da história. Possuem edifícios que se revelam depósitos de informações atemporais.

E qual é o objetivo de tudo isso? Fiebag sugere: "Devemos mais uma vez questionar nossas origens e nossos conceitos do mundo. Uma mudança de ângulo pelo qual vemos as coisas nos levará a novos futuros e novas percepções".

Será que a hipótese da mímica oferece uma solução para coisas inexplicáveis que ocorrem no mundo da religião? Essa hipótese ajudaria a explicar por que certo Joseph Smith (fundador da religião Mórmon) vê a aparição do anjo Moroni, que lhe dita O *Livro de Mórmon*? As mensagens recebidas por vários fundadores de religiões se originam em outros mundos? Os anões vistos por este ou aquele andarilho solitário nas montanhas são os mesmos *jinn* (espíritos, ou gênios) que aparecem em grandes quantidades na literatura árabe? As aparições seriam nada além de manifestações provocadas por tecnologia extraterrestre anos à nossa frente? Aqueles que afirmam que o bom Senhor ou o divino Todo-Poderoso está por trás de tudo isso devem ter um conceito de Deus bem diferente do meu. Se todas essas religiões, que disputam o direito a ser dona da verdade, forem de fato inspiradas pelo Espírito de Deus, então esse Espírito de Deus deve estar nos envolvendo em um jogo perverso e temperamental, que já fez milhões de pessoas perderem a vida e milhares serem torturadas *por causa* dessa disputa pela posse da verdade. Todos os teólogos cristãos notáveis que questionaram o pseudodeus foram escorraçados em nome da religião. No mundo islâmico, ninguém ousa fazer a menor pergunta crítica.

Pelo menos 10% de todos os casos conhecidos de aparições públicas são factuais. Fátima, com seu milagre do Sol, é um deles. Basicamente, há três possibilidades para explicá-lo:

- Sob o ponto de vista histórico, não existe uma Mãe de Deus. Ela foi uma invenção da Igreja recém-criada. Muitas religiões pré-cristãs já tinham deusas-mãe. Portanto, uma deusa-mãe não pode aparecer. A aparição deve ter outra fonte.

- É verdade que a Mãe de Deus foi uma invenção da ainda jovem Igreja Cristã, mas os papas permitiram que tal invenção se tornasse realidade. Fiel à passagem do Evangelho: "O que você ligar na terra será ligado no céu, e o que você desligar na terra será desligado no céu" (Mateus 16, 19). Uma Mãe de Deus inventada se tornou uma Mãe de Deus real.

- Alguém lá fora está brincando conosco. Os poderes desse alguém extraterrestre são muito superiores a qualquer tecnologia terrestre (hipótese da mímica). Assim como brincam conosco, eles podem nos destruir a qualquer momento. A pergunta, então, seria quem é o Jogador universal? Existiria uma ordem hierárquica dos Jogadores, que garante que civilizações subdesenvolvidas como a nossa *não sejam* dizimadas? E o que ou quem é o Deus superior por trás dos Jogadores? Mesmo uma civilização de seres espirituais que sequer conseguimos imaginar deve ter começado em algum instante.

A primeira variante é bastante sensata. O único problema é que as aparições de Maria existem. A segunda variante é a menos plausível. Por quê? Porque Jesus teria mesmo de ser o "único filho de Deus". Mas todos os especialistas, com seus inúmeros doutorados, e que estudaram essa questão em nossos dias e sabem como foram compilados os evangelhos, negam o conceito de um filho de Deus.[68] [69] [70] E se o Espírito Santo foi realmente a base dos evangelhos, bem como do Alcorão, como ele declararia por meio de Maomé: "É inconcebível para Alá ter gerado um filho"? Esse filho de Deus teria sido enviado aos humanos para libertá-los do pecado original. O que nos remete de volta às contradições do Antigo Testamento.

A terceria variante é possível, mas não há uma prova concreta. Sou uma daquelas pessoas que sempre buscam a causa de um evento. (Quem ou o que seria o Deus superior por trás dos Jogadores?) Todo evento é causado por outro. Essa premissa já não é válida no difícil

---

68. Augstein, Rudolf. *Jesus Menschensohn* [*Jesus, Son of Man*]. Munique, 1972.
69. Lehmann, Johannes. *Jesus Report*. Düsseldorf, 1970.
70. Carmichael, Joel. *Leben und Tod des Jesus von Nazareth* [*The Life and Death of Jesus of Nazareth*]. Munique, 1965.

campo da física quântica. O princípio da causalidade – causa equivale a efeito – foi suspenso. A física quântica vive em uma espécie de mundo fantasma, no qual nos perguntamos de onde vem algo tão estranho como a informação, ou de onde vêm estados como a consciência, a imaginação e a criatividade. A imaginação existe em minha cabeça, e sei mais ou menos como os neurônios e seus circuitos funcionam em meu cérebro. Mas isso não explica minha imaginação. Se ela surge por causa dos efeitos da física quântica, tais efeitos não podem ser medidos e, além de uma teoria, não tenho uma compreensão plena acerca dela. Se as experiências das crianças de Fátima somente ocorreram em suas mentes, qual foi a origem do milagre do Sol? E se a aparição de Fátima apenas se baseasse nos efeitos da física quântica, como os "fantasmas" por trás da física quântica previram exatamente um mês antes do evento que haveria um milagre do Sol em 13 de outubro de 1917?

Ficamos sozinhos neste mundo, e corremos atrás de uma série de contradições. O milagre do Sol de Fátima, em 13 de outubro de 1917, foi um evento real desencadeado por uma Mãe de Deus que não poderia existir sob a perspectiva histórica, e foi confirmado por uma religião que alega ser a única verdadeira, embora outras religiões façam a mesma afirmação. Por trás de tudo isso, existe supostamente um Espírito Santo, que ao mesmo tempo é Deus e orienta as pessoas e que, sem dúvida, faz anúncios errôneos. Com toda essa confusão, a terceira variante ainda me parece a melhor. Os papas desde 1960 fizeram de tudo para torná-la ao menos respeitável. Revisemos:

Fátima, 1917. A irmã Lúcia somente anota o terceiro segredo de Fátima em 1941, e entrega o envelope ao bispo de Leiria, que por sua vez o guarda em seu cofre por 13 anos, antes que o papel seja entregue à Santa Sé em Roma. Lá, o envelope permanece guardado por mais 18 meses, até o papa João XXIII abri-lo em 1º de agosto de 1959. João XXIII lacra o envelope e o devolve ao Santo Ofício com a ordem de não divulgar ao público a mensagem. Seis anos depois, o mesmo acontece sob Paulo VI e, dali a 14 anos, sob João Paulo II. Em 18 de julho de 1981 – após o atentado contra a vida do papa –, a mesma coisa se passa pela quarta vez. Todos os papas se recusam a divulgar o segredo, com o argumento de que "diz respeito à nossa Fé". Oitenta e três anos depois de Fátima (em 19 de abril de 2000), o papa envia um emissário de alto posto para visitar a idosa Lúcia e lhe fazer algumas perguntas a respeito da interpretação do terceiro segredo. Isso significa que a situação não estava clara; a Santa Mãe não deve ter se expressado bem, 83 anos antes. Além disso, o Espírito Santo não orientou a compreensão da freira, quando ela anotou a mensagem em 1941. Em meados de 2000, o Santo Ofício resolve subitamente liberar o texto do segredo – e nada acontece. Se o texto liberado em junho de 2000, com um comentário longo por parte do cardeal Ratzinger, fosse idêntico ao texto original, não haveria motivo para não liberá-lo *antes*. A versão divulgada em 2000 pareceria completamente absurda de acordo com as declarações dos papas de que não podiam revelar o segredo porque dizia respeito "à Fé" e "causaria pânico nas pessoas". Estão mentindo, no Vaticano. Originalmente, irmã Lúcia dissera que "a senhora" pediu que o segredo fosse divulgado em 17 de outubro de 1960. Depois, Lúcia explicou que não fora "a senhora", mas ela própria que determinou a data, "porque senti que ninguém o compreenderia antes de 1960". Ainda que tal declaração fosse verdadeira – e não, conforme suspeito, apenas atribuída à idosa freira –, os papas também não teriam compreendido a mensagem em 1960, pois todos se recusaram a divulgá-la. Temo que o Vaticano se afundou em uma história terrível, inventada pelo próprio Vaticano, da qual não consegue se desembaraçar. Os motivos são fortes:

Em 18 de outubro de 1942, o papa Pio XII dedicou Fátima ao "Imaculado Coração de Maria". Pio XII *não conhecia* o segredo! (Somente foi aberto em 1959.) Essa dedicação definia enfaticamente Fátima como um local católico de romarias em homenagem à Mãe de Deus. Tal definição não poderia ser revertida, pois os papas são infalíveis. Fátima acabou se tornando um formidável centro de culto católico a Maria. Em 1959, o papa João XXIII leu a mensagem pela primeira vez, o que deve ter-lhe causado um choque terrível, pois ela não continha nenhum anúncio por parte da Mãe Maria. O mesmo aconteceu com os papas seguintes. Logicamente, eles não podiam divulgar a mensagem de Fátima porque Fátima já se tornara um local especial para os peregrinos. A afirmação feita pelos papas de que a mensagem dizia respeito "à nossa Fé" era absolutamente correta. É o caso também da afirmação de João Paulo II, que disse em Fulda, em 1980: "Meus predecessores na Santa Sé preferiram uma versão diplomática por causa do conteúdo grave". Correto. Realmente, *dizia respeito* à Fé, no sentido mais estrito do termo, sendo, de fato, "grave", pois como a Igreja poderia explicar aos fiéis que a mensagem não era da "querida Mãe de Jesus"? Isso também explicaria por que o bispo de Leiria guardou o segredo por 13 anos. Claro que ele o devia ter lido e não o entendera muito bem. Talvez esperasse que a Roda do Tempo girasse de um modo diverso no futuro e, talvez, a criança Lúcia tivesse imaginado tudo naquele distante 1917. (De acordo com a afirmação de irmã Lúcia, o envelope deveria ser aberto pelo patriarca de Lisboa e/ou o bispo de Leiria.)

E o que continha, afinal, o texto original do terceiro segredo de Fátima? Ninguém sabe, exceto os que pertencem ao círculo interno. Mas 70 mil pessoas testemunharam um milagre do Sol, um disco brilhante e giratório, que apareceu durante 12 minutos. Considero essa uma boa indicação da presença de um grupo de extraterrestres. É possível que, na mensagem, estivessem cumprimentando a humanidade e mostrando que não estamos sozinhos no Universo. Talvez indicassem até que voltariam e seria importante que a raça humana se preparasse para tal evento. Como o Vaticano se recusa a divulgar a verdade nua e crua, qualquer pensamento ao menos meio sensato se justifica, porque o que os papas e o cardeal Ratzinger divulgaram não foi a verdade. *Quod erat demonstrandum.*

Se julgarmos que os papas e os membros do Santo Ofício, de modo geral, não sabem muito a respeito de viagem espacial, e menos ainda sobre ETs, distâncias interestelares ou as múltiplas possibilidades de vida extraterrestre, e pouco conhecem acerca de tecnologias de um futuro distante, podemos pensar que nem eles entenderam a natureza "grave" (João Paulo II) da mensagem de Fátima. Por causa de sua fé inabalável, poderiam presumir que a mensagem vinha do adversário de Deus, o Diabo. Isso seria tão ruim quanto uma mensagem de extraterrestres, pois, afinal de contas, Fátima se tornou um local católico de peregrinações.

Pessoalmente, desgosto dessa situação, assim como inúmeros católicos devotos. Também fui criado como católico. Acho doloroso dizer adeus às belas imagens de minha infância. Conheço hinos maravilhosos à Mãe de Deus. Sei como é o agradabilíssimo sentimento de comunhão com os demais fiéis em uma igreja. Conheço os cânticos gregorianos, a música de órgão, o aroma de incenso e a luz das velas. Se levanto aqui as mesmas perguntas feitas por eminentes teólogos, e se ofereço respostas possíveis, não precisamos procurar motivos profundamente psicológicos. Não tento uma reconciliação com o passado, tampouco quero confundir os fiéis (que, de qualquer forma, não leriam este livro). Então, por que todas essas reflexões em torno de Fátima e do Antigo Testamento? Porque a maneira como as coisas são descritas não corresponde à verdade. Porque as pessoas não gostam de mentiras. Porque outras pessoas também deveriam questionar sua religião e Deus, em vez de acreditar cegamente nas coisas. A fé não necessita de prova – e deixa você feliz. Aí é que está o perigo. Toda igreja e toda seita afirmam que são donas da verdade. Assim, as pessoas lutam por essa (alegada) verdade e recorrem a espadas e metralhadoras. E será que não apelariam também para uma bomba atômica ou armas químicas – em nome de Deus – para erradicar aqueles que acreditam em algo diferente? A quantidade de conflitos, no mundo todo, cuja origem é religiosa, aumenta a cada ano. O planeta está repleto de devotos fanáticos e cruéis guerreiros de Deus. Pessoas boas e sensíveis se comportam de modo decente com outras pessoas, sejam religiosas ou não. Para levar pessoas boas e decentes a cometer atos terríveis e malignos, é preciso usar a religião. Qualquer ação hedionda pode ser justificada em nome da religião. É por esse motivo que faço o que faço. Defendo-me contra a probidade religiosa e me vejo mais como um "trabalhador nas vinhas do Senhor", porque a maior parte do que nós, humanos, atribuímos ao bom Senhor é um insulto à grandiosa criação. O caminho da iluminação sempre foi pedregoso, e nossos ideais terrenos de moral e ética não devem ser necessariamente idênticos ao pensamento de seres de outros planetas.

Agora que a Mãe de Deus apareceu (não apenas em Fátima), há ao menos uma saída vaga do dilema para os fiéis, e um meio de arrumar o mundo, até certo ponto. Examinemos a terceira variante, a hipótese da mímica. Alguém lá fora está brincando conosco. Esse alguém conhece os seres humanos e suas religiões, claro, e sabe que milhões de pessoas acreditam totalmente em uma Mãe de Deus. Então, esse mesmo alguém assume o papel de Mãe de Deus, apresenta-se e se manifesta como ela. E o mundo volta aos trilhos. Ave, Maria!

Capítulo 3

Florestas Inteiras de Estupas

"Não há taxa alfandegária para o pensamento, mas mesmo assim tem muita inconveniência."

Karl Krause

A rua se encontrava na semiescuridão. Por toda parte, os pequenos fogões acesos das barracas de comida cintilavam em meio à penumbra. O local estava repleto de pessoas morenas, todas sentadas em banquinhos com apenas 15 centímetros de altura, e até as mesinhas pareciam feitas para anões. Estaria eu em meio aos liliputianos? Não, as pessoas ao meu redor tinham tamanho normal, embora por causa da altura dos banquinhos, os joelhos delas encostassem no peito. Na verdade, senti-me um tanto perdido por me sentar lá, quase como um gigante em um jardim da infância – e tenho apenas 1,68 metro de altura. Uma variedade grande de odores penetrava minhas narinas, como bandeirinhas de cores diversas, de doce a amargo, rançoso a queimado; enfim, todo tipo de aroma imaginável.

O cruzamento seguinte nesse tabuleiro de xadrez formado pelas ruas da cidade me levou à estrada principal. De repente, todos os cheiros de comida se mesclaram com o odor de fumaça de escapamento. A própria beira da estrada estava entulhada de centenas de mesinhas e banquinhos. Entre eles, espalhados pelo chão, via-se toda espécie de mercadoria: brinquedinhos de plástico para as crianças, sandálias e sapatos, ao lado de camisas e cintos de tecidos de todas as cores possíveis; e, por fim, em uma fileira de uns 60 metros de comprimento, uma gama de óculos, para qualquer tipo de rosto ou nariz nesta terra. Foi difícil andar sem pisar em alguma coisa.

As cidades e as aldeias da Ásia se parecem todas umas com as outras; têm sabor parecido e, ao menos superficialmente, as pessoas também são iguais. Entretanto, a cidade por onde passei era completamente diferente.

Bem à minha frente, a menos de 300 metros do centro do cruzamento, algo que parecia um foguete de múltiplos estágios apontava para o céu. Era iluminado por numerosos holofotes e revestido, da base à ponta, de ouro. Uma visão extremamente deslumbrante. Senti respeito diante daquela estupenda realização em nome da religião. O que lembrava um foguete era apenas um dentre os milhares de pagodes em uma terra de estupas douradas – estruturas em formato de sino, todas terminando em uma torre estreita. Anos atrás aquele país se chamava Birmânia. Hoje, essa nação situada entre a Tailândia, China e Índia tem o nome de Mianmar. A cidade que eu estava explorando se chama Yangon (antiga Rangoon). É uma localidade repleta de pagodes esplêndidos, mesmo em meio à intensa atividade de trânsito, lojas e pedestres, e às margens do rio Ayeyarwady. Nesse país, somente o Buda e o governo são ricos. Em nenhum outro lugar do mundo o Buda é reverenciado tanto quanto em Mianmar. Há milênios, ano após ano, os fiéis sacrificam toneladas de folhas de ouro e pedras preciosas para enfeitar os pagodes e obter algum consolo nesta ou na próxima vida. Lá estava eu, diante do pagode Sule, que também é chamado de "o Coração da Cidade". Embora já tivesse anoitecido e o trânsito em volta do pagode provocasse um cheiro ruim, vi num ou noutro lugar fiéis em frente a pequenos santuários, vislumbrando, admirados, as figuras e as luzinhas por trás das grades. Impera sobre aquele lugar uma espécie de encantamento que o mundo exterior a Mianmar não compreende.

O país é entremeado de religião e astrologia. As crianças não têm nomes pessoais como conhecemos nem adotam os nomes dos pais. Além disso, não se pode identificar o sexo da criança pelo nome dela. Tanto meninos quanto meninas podem ter o nome de Kyan Kyan, Zan Zan, Maung Maung ou até Cho Cho. A diferença entre masculino e feminino somente aparece mais tarde, quando se acrescentam as palavras "Senhor" e "Senhora". Todos os nomes têm alguma relação com o dia da semana e o mês do nascimento, mas podem ser mudados no decorrer da vida da pessoa. Por exemplo, um indivíduo apenas pode usar as cinco primeiras letras de um mês se nascer em uma segunda-feira. Por outro lado, os ideogramas do alfabeto de 33 letras devem ser crescentes, ou consecutivos, como em terça-feira, quarta-feira, quinta-feira. É assim porque a vida é interpretada como algo que sobe ou cresce. Se uma pessoa abre uma empresa, o nome da empresa será determinado por um astrólogo. O nome da firma somente pode ser alterado por um astrólogo superior, por exemplo, se os negócios não vão bem. Quem nasce em uma sexta-feira, geralmente, faz sacrifícios em um altar dedicado à sexta-feira. Não é de surpreender, portanto, que nesse país milhares de pagodes tenham alinhamento astronômico.

O pagode Sule, diante do qual eu estava, é dedicado aos planetas, aos animais celestiais e às oito direções celestiais. Mianmar era uma monarquia até ser transformada em colônia britânica. O rei Mindon (1853-1878) transferiu sua residência para Mandalay, uma cidade de contos de fada, no centro de Mianmar, exatamente no 2.400º aniversário da morte do Buda. O próprio nome Mandalay soa como música aos ouvidos ocidentais. Mandalay era a cidade do Buda, e ante a ameaça britânica, o rei Mindon convocou o "quinto grande sínodo" ali, uma reunião que seria semelhante aos concílios da Igreja Cristã. Naquela época, em 1872, 2.400 estudiosos budistas se reuniram em Mandalay e compilaram o cânon *Tipitaka*, o "ensinamento dos três cestos" budista. Até então, o ensinamento somente existia de forma escrita em folhas de palmeira, mas o rei mandou gravá-lo em 729 tabuinhas de mármore. Essas tabuinhas deveriam permanecer indestrutíveis até a vinda do próximo Buda. Segundo o ensinamento, um Buda voltará a cada 5 mil anos. Dois mil e quatrocentos anos tinham se passado desde o último aparecimento do Buda; portanto, as tabuinhas teriam de durar mais 2.600 anos. O rei Mindon, então, mandou construir um pagode para cada tabuinha de mármore. O resultado foi um complexo que recebeu o rótulo de "o maior livro do mundo". Muito apropriado. Uma cópia moderna em papel consiste em 38 volumes com 400 páginas cada. O Cristianismo não tem nada que se equipare a isso.

Já em termos de tecnologia de armamentos, não foi à toa que os britânicos derrotaram os reis de Mandalay, construíram um forte e governaram o país e o rio até o norte, na fronteira com a China. O cronista literário e protagonista do poder colonial, Rudyard Kipling, tornou Mandalay imortal neste poema:

> *On the road to Mandalay,*
> *Where the flyin' fishes play...*
> *Come you back to Mandalay,*
> *Where the old Flotilla lay...*
> *For the wind in the trees*
> *And the temple bells they say,*
> *You British soldier,*
> *Come you back to Mandalay*
>
> *(A caminho de Mandalay,*
> *Onde se divertem os peixes voadores...*
> *Volta a Mandalay,*
> *Onde antes ficava a velha Flotilha...*
> *Pois o vento nas árvores*
> *E os sinos de templo dizem,*
> *Tu, soldado britânico,*
> *Volta a Mandalay.)*
> (R. Kipling, "The Road to Mandalay", 1887)

Os britânicos chamaram Mianmar de Birmânia (ou, em inglês, Burma), mas em 1989, o país voltou ao nome original. Assim como a história da maioria das nações, a de Mianmar começa com um período mitológico. Em algum momento do passado, dragões ou serpentes voadoras (*nagas*) vieram do céu e instruíram os primeiros humanos.[71] Também lhes mostraram como extrair ouro e pedras preciosas da terra e da água. Até hoje, o povo de Mianmar vê o rio Ayeyarwady, com 2.170 quilômetros de extensão, como o contorno do dragão, e os próprios contornos do país lembram um dragão. O Ayeyarwady é como a veia jugular do país, comparável ao Nilo no Egito. A imagem do dragão é conhecia por toda a Ásia, e consiste em um dos enigmas pré-históricos da humanidade. Nenhum humano poderia ter visto um dragão que cospe fogo, pois não há tal ser na evolução do planeta. Certa vez, ouvi que as lembranças imemoriais dos dinossauros poderiam explicar a imagem, mas tal analogia

---

71. Ludu, Hla. *Folk Tales of Burma*. Mandalay, 1978.

não se sustenta. No auge da época dos dinossauros, 60 milhões de anos atrás, não existia sequer um protótipo de humano. Na China, a vizinha de Mianmar, reis dragões foram os portadores originais da cultura e ao mesmo tempo os fundadores da primeira dinastia. Vários governantes chineses gozavam do privilégio de um voo celestial sobre um dragão voador, acompanhado de toda a sua família.[72] As mitologias chinesas contêm relatos desse dragão celestial, descrevendo o modo como ele voava por toda a terra, fazendo um ruído alto e apavorando as pessoas; mas, por outro lado, ele trouxe a cultura aos humanos e os instruiu em vários sentidos.[73] No reinado de Chuen, um dos imperadores que fundaram a China, o arquiteto divino Yu, mandou construir uma torre enorme no meio de um lago para observar com mais facilidade os movimentos em voo do dragão no céu.[74] O dragão celestial é onipresente nas mitologias, até a época do Cristianismo, embora possamos ter quase certeza de que ninguém jamais observou um dragão. Os santos Jorge, Silvestre e Miguel sempre tiveram alguma relação com dragões. Claro que o dragão também aparece no livro do Apocalipse, do Novo Testamento. Os dragões são retratados em forma pictórica em antigos selos cilíndricos sumerianos, bem como em paletas egípcias; também aparecem como serpentes voadoras nas tumbas de faraós no Vale dos Reis. Para os povos da América Central (muito tempo depois), a serpente emplumada era um símbolo de deuses que vieram do céu. E só para mencionarmos de passagem, o mesmo motivo – na forma de pássaro-trovão – aparece entre os nativos norte-americanos. Ninguém pode negar que a serpente voadora tem um lugar sólido em muitos mitos da criação. Por quê? Os psicólogos creem que nossos ancestrais tinham observado um pássaro incomum. Entretanto, pássaros não cospem fogo, não causam ruídos altos, não fazem tremer os vales, não carregam passageiros, não geram filhos humanos (como aconteceu na China) e, certamente, não dão instruções aos humanos. As pessoas na Idade da Pedra conheciam os pássaros e lhes davam nomes. Mas a "coisa" observada no mundo inteiro não podia ser um pássaro. Os povos antigos tateavam em busca de palavras e comparações porque

---

72. Krassa, Peter. *Als die gelben Götter kamen* [*When the Yellow Gods Came*]. Munique, 1973.
73. Gould, Charles. *Mythical Monsters*, Londres, 1886.
74. Kohlenberg, Karl F. *Enträtselte Vorzeit* [*Prehistory Deciphered*]. Munique, 1970.

aquela coisa indescritível não existia. Em determinado ponto, ela se tornou uma serpente que cuspia fogo e, no mundo asiático, um dragão. Chocados com o que viram, os pais relatavam aos filhos esses eventos impressionantes, e estes, por suas vezes, aos seus filhos. Com o passar do tempo, os relatos dos fatos originais foram perdendo os contornos e, por fim, encontraram um local de repouso nos mitos. Um mito é um tipo vago de memória coletiva de um povo.

O mesmo se passou em Mianmar. Não havia fronteiras entre países na Idade da Pedra; assim, o que era verdadeiro para a mitologia chinesa tinha igual validade para o país vizinho, (atual) Mianmar. O primeiro grupo, historicamente comprovado, que habitou as terras ao longo do rio Ayewarwady foi o povo Mon. Os Mon vieram da Ásia central e, em termos linguísticos, pertenciam à cultura Mon-Khmer. Tal fato é conhecido graças a registros pictográficos. Os Mon adotaram o Budismo e, segundo as lendas, construíram o primeiro pagode há mais de 2.500 anos: o pagode Shwedagon, em Rangoon.

O pagode Shwedagon atual é quase indecifrável: "Dizem que há mais ouro no Shwedagon que no Banco da Inglaterra". Essa frase consta no livreto turístico de Mianmar, de autoria de Wilhelm Klein e Günter Pfannmüller. Os dois homens possuem conhecimento extraordinário sobre o país.

A massiva estupa em formato de sino consiste, em si, em um baú de tesouro de 100 metros de altura. Se acreditarmos na lenda, oitos fios de cabelo do último Buda, bem como outras relíquias dos três Budas que viveram antes dele [que, pelo que consta, surgiram a intervalos de 5 mil anos], foram colocados ali. E do lado de fora... Ora, a estupa é revestida de 8.688 placas de ouro, cada uma das quais valendo cerca de DM 1.000 [£ 320 ou $ 490], de acordo com cálculos atuais. 5.448 diamantes, além de 2.317 rubis, safiras e topázios adornam o topo; uma esmeralda gigante que recebe os primeiros e os últimos raios do Sol a cada dia forma a coroa dessa estrutura.[75]

Quando visitei o pagode Shwedagon, achei difícil separar o passado do presente. Em alguns momentos, tive a impressão de que estava no meio de um filme de ficção científica. Em primeiro lugar, é preciso subir por um caminho aparentemente infinito até que, por fim, depois de centenas de degraus, se chega perto de um centro circular, dourado.

---

75. Klein, Wilhelm e Pfannmüller, Günter. *Birma* [Burma]. Munique, 1996.

Ali se encontram fileiras de santuários, um ao lado do outro. Luzes em miniatura e de controle eletrônico, instaladas atrás das cabeças dos Budas, projetam aros e raios de luz a partir dos cérebros deles. Aros e feixes de raios também parecem chegar aos Budas a partir do espaço. A iluminação completa. (Pode parecer sarcástico, mas não é a intenção.) Não difere muito de nossos locais cristãos de romarias. A única diferença é que você fica quase sufocado pelo ouro e os diamantes reluzentes no pagode Shwedagon. Sem querer, lembrei-me dos conquistadores espanhóis, que partiram para a América Central e América do Sul e assassinaram os maias e os incas por causa do ouro deles. Graças aos céus, os conquistadores europeus nada sabiam sobre a terra de ouro chamada Mianmar, que já existia há milhares de anos. Atrevo-me a dizer que uma cultura incomparável teria sido destruída lá também, em nome da Cruz.

Passei horas vagando pelo pagode Shwedagon, sempre com muita dificuldade para desviar o olhar das figuras. Lá estavam aquelas estátuas, revestidas por camadas de indefiníveis ligas de ouro e prata, como se tivessem saído de um dos filmes de *Star Wars*. Além delas, havia os ajudantes místicos, os protetores de Buda, que não eram contemporâneos do último Buda. Trata-se, ali, de mitologia reproduzida em ouro e prata, sem ferrugem por toda a eternidade, passando uma lição pictórica única. Claro que não falta a imagem do dragão.

O eirado superior é forrado de lajes de mármore branca. No meio, a estupa de ouro se ergue com uma circunferência de 433 metros. A estupa em si fica em cima de uma placa octogonal no chão, com oito estupas menores, cada uma em um dos oito cantos, totalizando 64. Na frente delas, existem alguns animais fabulosos com aspecto de esfinge, pura mitologia. A estupa, que tem cerca de 100 metros de altura, se ergue em direção ao céu como um dedo brilhante apontando para o Universo, cercado de diamantes que lançam *flashes* coloridos de luz. Bem no topo, há um pequeno globo de ouro maciço com um diâmetro de 25 centímetros. Em cima desse globo se encontra uma esmeralda de 76 quilates, que armazena energia do primeiro ao último raio de sol. Os especialistas em *laser* se encantariam com isso.

Nosso sistema planetário e o Universo estão presentes por toda parte no pagode Shwedagon. De acordo com as tradições de Mianmar, o Sol e a Lua são considerados esferas.[76] Por isso existe

---
76. Aung, Htin. *Burmese Monk's Tales*. Londres, 1966.

uma área de devoção solar, à qual se associam o domingo e o pássaro divino Garuda. A segunda-feira e o tigre são associados ao espaço de devoção lunar. Cada planeta tem seu dia e animal. Assim, existe no pagode Shwedagon um espaço para o culto de cada planeta, assim disposto:

- Marte corresponde à terça-feira. O animal é o leão.
- Vênus corresponde à sexta-feira. O animal é o porquinho-da-guiné.
- Júpiter corresponde à quinta-feira. O animal é o rato.
- Saturno corresponde ao sábado. O animal é a serpente mitológica, naga.
- Mercúrio corresponde à quarta-feira. O animal é o elefante.

Há, enfim, locais de culto para o planeta desconhecido, para os oito dias da semana e para os reis Sakka, originários dos campos celestes do monte Meru. Como todos os habitantes de Mianmar já possuem uma ligação com os dias da semana e os planetas por meio de seus nomes pessoais, os adoradores prestam culto nos santuários a eles dedicados: os que se chamam terça-feira no santuário de Marte, os que têm o nome da quinta-feira no santuário de Júpiter, e assim por diante. Claro que Mianmar também possui um calendário próprio. A semana é constituída de oito dias, e o ano de 1999, quando visitei o país, correspondia ao ano 1361 em Mianmar.

Assim como ocorrem milagres nos locais cristãos de romaria, o mesmo acontece em Mianmar. Determinados lugares do pagode Shwedagon são reservados para milagres. Lá, os fiéis rezam com grande fervor e pedem consolo nesta vida e na seguinte. Os crentes curvam-se diante da "Pedra de Realizar Desejos", erguem a pedra e dizem: "Que esta pedra fique leve se meu desejo for realizado". Se continuar pesada, o milagre terá de esperar, ou o desejo não se realizará por motivos próprios da providência divina. Muitos milagres ocorreram nesse e em outros pagodes espalhados pelo país. E quem é o responsável pelos milagres? O Grande Espírito do Universo? ELE, que reside em nós e à nossa volta, e do qual somos uma parte microscópica? Há, inclusive, uma plataforma elevada no pagode Shwedagon, exclusivamente reservada para os homens. Nela também acontecem milagres.

Era noite. O ouro do pagode emitia um brilho amarelo-escuro. No alto, na ponta da estupa, cintilava a esmeralda. De repente, um grupo de pessoas apareceu na plataforma de mármore, cada qual com uma vassoura. Sob uma ordem, a equipe começou a se movimentar lentamente em volta da plataforma do templo e, aqui e ali, eram feitas pilhas de poeira, removidas em seguida por uma segunda equipe com cesto de lixo. Ouvi dizer que mulheres e homens realizavam esse trabalho como voluntários, mas somente aqueles cujo aniversário cai naquele dia específico têm permissão para a tarefa.

É assim que funcionam as coisas em Mianmar. A astrologia determina a vida do nascimento ao som do gongo na morte, e depois também, na próxima rodada.

Há uma tradição em torno da criação original do pagode Shwedagon que remonta a tempos muito anteriores ao Budismo. Mas, aliás, o que é esse Budismo?

Na Índia antiga, a palavra Buda significa o "Iluminado". O nome verdadeiro do Buda era Sidarta, que em sânscrito significa "aquele que alcançou sua meta". O ano do nascimento do Buda é atribuído a aproximadamente 560 a.C. Ele vinha de uma família nobre dos Sakajas e cresceu no esplêndido palácio de seu pai, no sopé dos Himalaias, Nepal. Em consonância com o costume das casas nobres indianas, de escolher um nome a partir das escrituras sagradas (os *Vedas*), seu nome pessoal era Gotama (Gautama). Aos 29 anos, ele percebeu que já se cansara de sua vida entediante, inútil e luxuosa. Saiu de casa, vagou sem rumo como um mendigo e praticou meditação por muitos anos. Procurava um novo caminho que trouxesse sentido à vida. Um dia, enquanto Sidarta Gautama se sentava sob uma árvore Bodhi, em Bodhgaya, o Universo se abriu para ele; chegara o dia de sua iluminação. De repente, sentiu-se como a encarnação de um ser celestial. Começou a pregar, atrair discípulos e louvar o caminho da iluminação, que todo indivíduo em carne e osso deveria trilhar. Fundou a ordem chamada Sangha, perambulou pelo norte da Índia e morreu na fronteira nepalesa.

O Buda em si – assim como Jesus – não deixou nada escrito. Seus sermões foram registrados por seus discípulos e por eles disseminados. Buda ensinava as "quatro verdades", o caminho sobre o qual todo humano poderia se tornar um ser iluminado. Ele assumira, assim, a existência dos Budas anteriores *e* futuros (Iluminados). Em seus discursos de despedida, no *Mahaparinibbana-Sutta*, ele falou de Budas futuros. Um desses, anunciou, surgiria em uma época na qual a Índia estaria superpopulosa. As vilas e as cidades estariam tão abarrotadas quanto galinheiros. Haveria 84 mil cidades em todo o país. Um rei chamado Sankha viveria na cidade de Ketumati (atual Benares), e ele governaria o mundo inteiro, não com violência, mas com justiça. Sob sua liderança, o supremo Metteya (também chamado de Maitreya) apareceria na Terra. Metteya seria um extraordinário e maravilhoso "condutor da carruagem e conhecedor do mundo", um professor de deuses e humanos; na verdade, o perfeito Buda.

Ao contrário do Cristianismo, em que o fundador religioso foi convertido em um deus, Buda não é uma divindade. Os fiéis não rezam diretamente para ele, mas almejam a iluminação e buscam auxílio por meio dos ensinamentos e do espírito do Buda. Com o passar de mais de 2.500 anos, surgiram as mais diversas escolas budistas. Cada uma se baseia nas tradições dos discípulos originais do Buda e no conhecimento alcançado por meio da iluminação. Mas todas essas escolas concordam nos pontos principais.

Os budistas de Mianmar acreditam que o sagrado monte Meru está situado no centro do mundo. É cercado por sete mares e lá podem ser encontrados diversos níveis da existência. Há, por exemplo, um reino dos sentidos, um campo do amorfo e um reino da matéria mais sutil. Ao todo, 31 níveis paralelos de existência conduzem para muito além do monte Meru e Universo adentro. Lá, existem inumeráveis mundos e firmamentos, supostamente muito distantes entre si. As próprias galáxias vêm e vão. No presente, haveria 10.100.000 universos como o nosso, habitados por todas as espécies de vida.

De acordo com as ideias budistas em Mianmar, um novo Buda aparecerá a cada 5 mil anos. Ora, a lenda do pagode Shwedagon diz que a colina sobre a qual foi posteriormente construído o santuário já era um local sagrado muito tempo antes, pois lá se guardavam as relíquias de um Buda *muito anterior*. Essas relíquias consistiam em uma peça de roupa, uma concha de servir e um cajado. Cinco mil anos se passaram e um rei chamado Okkapala esperava o novo Buda. Isso foi em uma época em que o Buda presente ainda era um menino que vivia no luxuoso palácio de seus pais. Já quase terminara o milênio quando o Buda do presente teve seu momento de iluminação sob a árvore Bodhi, em Bodhagaya, e apareceu no local exato em Mianmar onde hoje se encontra o pagode Shwedagon. Enquanto o Cristianismo tem suas torres de igreja e o Islã os minaretes, o Budismo tem as estupas. Uma estupa tem muitos significados para um budista; pode ser vista como um símbolo para o fim da jornada de uma vida; pode ser uma tumba; ou o centro de um poder criativo. Dividida em três partes, a estupa reflete a natureza tripartite do Budismo, por intermédio da base, da cúpula e da torre. O número três no Budismo é visto como as dimensões características do espaço. A estupa também pode ser vista como o "meio de viajar ao mundo dos deuses", o que explica a presença do Buda fazendo movimentos rituais com as mãos, dentro de tantas estupas.

Originalmente, a estupa teria apenas a forma de um meio ovo, com um mastro no alto. Os grandes professores ou mestres vieram do ovo, mas a estupa também simboliza o cosmos, e sua forma representa a montanha do mundo, Meru. Como velho andarilho e trabalhador "nas vinhas do Senhor", notei logo um paralelo em um continente não tão distante, enquanto estudava as estupas. Após um pequeno desvio, voltarei às estupas.

América do Sul: em Sierra Nevada de Santa Marta, Colômbia, viveu outrora a tribo dos índios Kogi (ou Kagaba), que quase foram exterminados pelos espanhóis no século XVI. Poucos sobreviveram. Suas cidades, que acabaram engolfadas pela selva, só foram redescobertas no século XX, parcialmente escavadas. O primeiro pesquisador a se empenhar em saber mais a respeito dos índios Kogi foi o professor austríaco Theodor Preuss.[77] Ele descobriu que os Kogi atribuíam a criação à grande deusa original, chamada Gauteovan. Ela foi a ancestral dos quatro sacerdotes originais, os progenitores da casa sacerdotal. O lar desses primeiros sacerdotes ficava em algum lugar no espaço exterior, e suas leis chegaram com os Kogi "de fora".

Quando os sacerdotes originais chegaram à Terra, usavam máscaras, que só tiraram muito mais tarde. Passaram a seus filhos seus ofícios. Os filhos eram instruídos nos templos durante um noviciado que durava nove anos, de modo que o conhecimento dos pais

---

77. Preuss, Theodor Konrad. *Forschungsreise zu den Kagaba* [*An Expedition to the Kagaba*]. Viena, 1926.

passasse de geração em geração sem sofrer influências. Esse período educacional ocorria em nove anos de escuridão. A mitologia Kogi narra batalhas com quatro sacerdotes originais contra demônios e animais. Lançavam relâmpagos, voavam em todas as direções e traziam à Terra sementes de diversas plantas.

Os deuses usavam máscaras, uma das quais ficou escondida no interior de uma colina ou caverna. Muito tempo se passou; a Terra produziu humanos com tendências antinaturais, que tinham relações sexuais com várias espécies de animais. O chefe principal da tribo, então, abriu os portais do Céu e deixou chover por quatro anos. Os sacerdotes construíram um barco mágico e ajuntaram dentro deles todas as espécies de animais e pássaros, e também plantas e sementes. Por quatro longos anos, houve uma chuva vermelha e azul, e pelo mundo inteiro se formaram lagos enormes. Por fim, o navio mágico aportou no cume de Sierra Nevada (o nome que ainda tinha na lenda Kogi). "Com todos os malignos destruídos, os sacerdotes e irmãos mais velhos *desceram do Céu*, quando então Mulkueikai [um sacerdote] abriu a porta e colocou em terra todos os quadrúpedes, todos os pássaros, todas as árvores e plantas. Isso foi realizado por todos os entes divinos chamados de Pai Kalgusiza. Deixaram um monumento em memória de tal feito em todos os templos" (ver Preuss, nota 77).

Estranho. As lendas Kogi falam de sodomia. Isso também aconteceu em Gênesis, capítulo 19, antes da destruição de Sodoma e Gomorra. "Desceram do Céu", diz o mito Kogi. Na Lista Real Sumeriana, vemos: "Depois do Dilúvio, os reis novamente desceram do Céu". E se alguém pensa que os espanhóis trouxeram esse conhecimento à Colômbia, engana-se, pois o mito Kogi existia muito antes da chegada dos espanhóis, e o rol dos reis da Suméria somente foi descoberto no século XIX. Mas o que tudo isso tem a ver com as estupas na Ásia?

O professor doutor Reichel-Domatoff foi o maior especialista na cultura Kogi, que ele estudou por muitos anos. Reichel-Domatoff descobriu que todas as estruturas Kogi tinham o formato de estupas e apenas podem ser compreendidas se associadas a eventos no espaço. Os Kogi entendiam o cosmos como um espaço em forma de ovo, determinado por sete pontos: norte, sul, leste, oeste, o zênite, o nadir (oposto ao zênite) e o centro. Dentro do espaço assim definido, há nove níveis – nove mundos – dos quais o do meio, o quinto, é representado pelo nosso mundo. Todas as residências dos Kogi são construídas de acordo com esse padrão. E todas são ao mesmo tempo modelos do cosmos Kogi.[78]

Quatro níveis se encontram abaixo da superfície da Terra, os humanos existem no quinto, e os outros quatro estão acima. Isso produz uma forma ovoide, em que os quatro níveis acima dos humanos são formados pela estupa. Um majestoso mastro se projeta através do telhado da estupa da casa dos homens, como um mastro de bandeira apontado para o céu. Diagonalmente oposta fica a casa das mulheres, com duas vigas transversais projetando-se a partir do telhado da estupa. Ano após ano, em 21 de março (no começo da primavera, no Hemisfério Norte), o mastro no telhado da casa dos homens cria uma sombra em cima da sombra das vigas transversais da casa das mulheres. As duas sombras, então, se tornam uma. O falo penetra a vagina, um símbolo da primavera, e a semente deve semear a terra. Todas as estruturas Kogi ficam em terraços, uma acima da outra, como os pagodes em Mianmar. A maior cidade Kogi que visitei tantos anos atrás se chama Burritaca.[79] Admito que até hoje não descobri nenhuma ligação entre as estruturas e o conhecimento dos Kogi na Colômbia e os povos antigos da Ásia, mas a linha é evidente.

O formato de sino das estupas é muito mais antigo que a era atual do Budismo. Não nos surpreende, portanto, que de acordo com as tradições budistas, vários Budas estiveram na terra antes do último Buda. Afinal de contas, deveria haver um novo para nos agraciar com sua presença a cada 5 mil anos. Séculos antes da iluminação do último Buda, a religião jainista prevalecia em todo o subcontinente indiano. Os seguidores do Jainismo afirmam em seus textos que sua religião foi fundada várias centenas de milhares de anos atrás, e que seu conhecimento veio originariamente de seres divinos. (Já abordei esse assunto em um livro anterior – ver nota 39.)

O que sobra é a estupa, uma estrutura em formato de sino esgueirando-se para o céu, que existia muito antes do Budismo atual. E Mianmar é o ponto culminante de todas as estupas, uma terra

---

78. Reichel-Dolmatoff, Gerardo. "Die Kogi in Kolumbien" [*The Kogi of Colombia*], in *Bild der Völker* [*Picture of the People*], vol. V, Wiesbaden.
79. Von Däniken, Erich. *Die Strategie der Götter* [Não disponível em inglês]. Düsseldorf, 1982.

com "florestas inteiras de estupas". Só na vizinhança de Bagan, uma cidade às margens do Ayeyarwady, há mais de 2 mil delas. Geralmente são encontradas muito rentes umas às outras, e em tamanhos diferentes. Algumas têm mais de 2 mil anos de idade. Algumas das menores parecem velhas e já começam a decair; outras se originaram nos séculos anteriores e são constantemente renovadas. Por mais de 200 anos, entre 1075 e 1287, cerca de 13 mil templos, pagodes e estupas foram erguidos na planície de Bagan. "Em nenhum outro lugar há uma vista tão impressionante como a da Planície de Bagan – um pagode de tijolos vermelhos, um ao lado do outro, às vezes com o topo branco, que se ergue em direção ao céu desde as distantes margens do maior rio de Mianmar" (ver Klein e Pjannmüller, nota 75).

A caminho das estruturas mais esplêndidas de Bagan, o Templo Ananda e o pagode Shwesandaw, passei por barracas de um mercado, onde notei formas de bolo redondas, cheias de folhas verdes dobradas. A população indígena enchia a boca com aquelas folhas e cuspia um líquido vermelho. O que estavam mascando? Minha primeira ideia foi a de que se tratava de kat, uma droga consumida particularmente no Iêmen. Depois me lembrei também das folhas de coca no Peru e no Equador. Na verdade, as folhas verdes dobradas que crescem na palmeira areca eram a droga nacional de Mianmar. É lá que floresce o bétele – um pequeno fruto da palmeira com uma casca muito dura, comparável com noz-moscada e com aparência muito semelhante por dentro. Os habitantes de Mianmar picam as nozes, colocam-nas sobre as folhas de bétele, que parecem folhas de pimenteira, e em seguida as untam com lima e várias especiarias. Tudo, então, é dobrado em um pacote pequeno e enfiado na boca. As substâncias de curtimento nas folhas estimulam uma produção forte de saliva, que adquire a cor vermelha por causas dos bételes. Experimentei, mas logo cuspi o sumo vermelho.

Assim como o pagode Shwedagon, em Yangon, no Templo Ananda em Bagan há também muitos degraus até o topo. A estrutura original foi construída pelo povo Mon e completada em 1091, em solo sagrado, que segundo os mitos tem uma importância especial. Como poderia ser diferente? A obra *Glass Palace Chronicle of the Kings of Myanmar* é um registro histórico/mitológico escrito há dois séculos. De acordo com essa crônica, oito monges apareceram um dia diante do palácio do rei Kyanzitthas. Os monges relataram ao rei que vieram de um país distante e que outrora viveram na caverna Nandamula, que fora habitada por um dos Budas anteriores. O rei pediu aos monges que lhe mostrassem a caverna. Usando os poderes de meditação, os monges fizeram a paisagem encantada aparecer diante dos olhos do rei, incluindo a caverna Nandamula. O rei decidiu construir em Mianmar uma réplica da gruta sagrada, que ficava em algum lugar nos Himalaias cobertos de neve. Hoje, o Templo Ananda encontra-se acima dessa caverna. Para demonstrar a natureza infinita do Templo, as quatro estátuas do Buda no Templo Ananda, altas e feitas de ouro, representam os quatro últimos Budas das eras mundiais: Kakusandha, Konagamana, Kassapa e Gautana. Observadas a certa distância, uma delas parece sorrir silenciosamente para si mesma, mas adquire uma expressão séria quando dela nos aproximamos. Construção muito inteligente. O templo em si é um objeto inacreditável de puro esplendor, criado por um mestre arquiteto, e tem uma estupa gigante no centro. Buda está presente em mil representações, ao lado de imagens de fantasmas e demônios atemporais, do período anterior ao Budismo. Também se evidenciam símbolos planetários e altares aos planetas da astrologia de Mianmar. Sempre que há uma névoa leve rente ao chão, ou uma luz difusa, a estupa central levanta seu mastro alto em direção ao céu, assim como as casas dos Kogi na distante Colômbia se erguem acima da abóbada da selva.

Em Bagan, o cosmos do pagode, com seus eternos movimentos circulares, está sempre presente. Todos os pagodes apontam para pontos-chave da mitologia, que para os devotos em Mianmar não são apenas mitos, mas também representam uma realidade distante. Vemos aí lembranças antigas de algo que o mundo ocidental não compreende, reproduzidas em pedra. Onde quer que se encontre o visitante, ele depara com essas representações impossíveis – mas na imaginação e no passado distante nada é impossível. Vários fios de cabelo do Buda são preservados como relíquias no pagode Shwesandaw. O pagode contém o epíteto Ganesha, na verdade uma referência ao deus-elefante hindu. O que ele tem a ver com o Buda? Como o Budismo é atemporal, as figuras do deus hindu se mesclam com ele. No Hinduísmo, Ganesha era um dos cinco deuses principais, filho do deus Shiva. Foi ele que removeu todos os obstáculos da Terra. A palavra *ganesha* é um termo composto sânscrito. *Ganas* são "as hostes", *isa* é o "Senhor". Portanto, pela lógica, significa "Senhor das hostes". Ele é considerado o mediador entre os humanos e o Todo-Poderoso. No Hinduísmo, acredita-se que Ganesha não nasceu de seus pais Shiva e Parvati, mas foi, isto sim, confeccionado como um cérebro. Antes de visitarem a Terra, os seres divinos pesquisaram como poderiam se livrar dos obstáculos no novo planeta. Shiva e Parvati, então, pensaram em um ser com corpo humano e cabeça de elefante que fosse capaz de enxergar em todas as direções e de manipular objetos com as mãos, os pés e a tromba. Essa progênie dos deuses, frequentemente reproduzida com um halo, foi um produto sintético, criado a partir de engenharia genética.

Em 1955, os nomes e as características atribuídos a Ganesha foram compilados em uma dissertação.[80] Guia, removedor de obstáculos, o que traz sucesso, aquele que tem a barriga grande, aquele com a tromba serpenteante, e assim por diante. Como um robô, ele é colocado diante de portas e entradas, onde barra todos os que estão proibidos de entrar. Na Índia, você o encontra em qualquer lugar para onde for. Se um hindu constrói uma casa, antes ele põe uma foto de Ganesha no local da construção; o objetivo é remover quaisquer obstáculos esperados. Se um hindu escreve um livro, primeiro louva a Ganesha. Olá, Ganesha! Bem-vindo! Também se reza a Ganesha no início de uma viagem; por isso, ele é colocado na entrada das estações ferroviárias indianas. Enfim, tudo tem sua ordem, tudo é organizado e arranjado. E ninguém nota que a sabedoria antiga é a raiz de tudo, incompreendida há milhares de anos, mas mesmo assim, sobrevivendo por meio da religião.

Mianmar era fechado para o turismo até alguns anos atrás, quando o governo militar precisou de dinheiro e abriu as portas do país. Hoje, há uma indústria organizada de turismo, com hotéis de todas as categorias. Um navio de luxo com cabines com ar-condicionado e suntuosos bufês percorre o rio Ayeyarwady, e aos olhos dos

---

80. Rassat, Hans-Joachim. *Ganessa – Eine Untersuchung über Herkunft, Wesen und Kult der elefantenköpfigen Gottheit Indiens* [*Ganesha – an Investigation into the Origins, Nature and Cult of the Elephant-headed God of India*]. (Dissertação). Tübingen, 1955.

moradores humildes às margens do rio ele deve parecer uma espaçonave de outro mundo. O nome do navio é "Road to Mandalay" [Estrada para Mandalay] e sempre inicia a jornada de vários dias em um domingo, o dia do Sol, dedicado ao pássaro divino Garuda.

Em qualquer lugar de Mianmar, o turista depara com monges que acabaram de se banhar e jovens em túnicas de cor vermelha e laranja, pois todo budista no país deve servir um período em um monastério. A impressão é de que as pessoas não andam como humanos normais – flutuam. A parte superior do corpo quase não se move, o que dá a sensação de que todos usam patins. Nota-se isso especialmente nas formosas mulheres carregando fardos na cabeça. E todas as manhãs, os carros são adornados com flores, para aromatização.

O cosmos do pagode e da estupa permeia o país inteiro. Aos domingos, Garuda reina – o rei dos pássaros, segundo as tradições indianas. Ele é representado com as asas e o bico de uma águia, e às vezes com rosto de dragão e corpo humano. Ele serve ao deus Vishnu como uma montanha e possui diversos traços notáveis. Garuda era muitíssimo inteligente, agia de maneira independente e chegou a vencer algumas batalhas sozinho. Os nomes de seus pais também são conhecidos: Kasyata e Vinata. Certa vez, a Mãe Vinata pôs um ovo, e dele chocou Garuda. Tudo começou normalmente, ou pelo menos assim parece.

O rosto de Garuda era branco; seu corpo, vermelho; e as asas, douradas. Ganharia destaque em qualquer obra ornitológica. Mas quando erguia as asas, a Terra tremia. Garuda também partia em jornadas pelo espaço. Além desses traços, ele detestava serpentes. Tinha, contudo, bons motivos para essa idiossincrasia.

Sua mãe, Vinata, fora aprisionada por serpentes após perder uma aposta. As serpentes prometeram libertá-la se seu filho lhes trouxesse um prato cheio do alimento dos deuses, que tornava qualquer um imortal. O astuto Garuda não mediu esforços para cumprir a missão; entretanto, a parte mais irritante era que o alimento dos deuses que gerava imortalidade somente podia ser obtido do meio de um mar de chamas. Para realizar tal intento, Garuda encheu seu corpo dourado de água sugada dos rios próximos. Com isso, apagou o mar de chamas. Mas – que horror – a montanha divina ficou infestada de mais serpentes, todas cuspindo fogo. Garuda, então, levantou nuvens de poeira, fazendo com que as serpentes se desorientassem. Por fim, ele jogou "ovos divinos" no ninho das serpentes e as arrebentou em mil pedaços. Algumas, que haviam se aproximado demais dele, tiveram a língua partida ao meio. Compreensível.

Imediatamente após a libertação de sua mãe, Garuda partiu para a Lua. Mas a Lua pertencia a deuses estrangeiros que não queriam lhe dar permissão para pousar. Atiraram contra Garuda flechas flamejantes, mas ele era imune a elas. O corpo de Garuda era invulnerável. Quando os deuses da Lua perceberam tal fato, propuseram um acordo. Garuda receberia a imortalidade e se tornaria a montanha do deus Vishnu. Desde então, Vishnu (sânscrito: o bom, o gentil) permeia o Universo com o imortal e invencível Garuda.

Apenas uma história boba e sem importância? O conto é muito antigo e contém certos elementos muito utópicos: invulnerabilidade, ataques com bombas, voo à Lua, e o próprio deus Vishnu precisa de um veículo espacial. Em Mianmar, as crianças aprendem essas histórias – não como contos de fadas bonitos, mas como uma verdade não compreendida que aconteceu muito tempo atrás. Todas essas histórias pertencem à religião. A própria origem de nossa palavra "religião" é controversa. Pode derivar do latim *relegere* (observar cuidadosamente) ou *religare* (ligar-se a Deus). A religião deve preservar aquilo que é antigo. É o que acontece no Budismo e no Hinduísmo. O objetivo é "observar cuidadosamente algo ligado a Deus", ainda que não seja compreensível.

Pode-se demonstrar que essas histórias religiosas foram imortalizadas em templos e figuras. Claro que não é diferente no mundo ocidental, apesar das controvérsias. Qualquer um que tenha visitado catedrais góticas ou barrocas sabe do que estou falando. Nelas encontramos reproduções esplêndidas de santos subindo ao Céu; de jovens sentados em fornalhas ardentes sem se ferir; de animais ouvindo, reverentes, Santo Antônio; de anjos voando desde o Céu até a Terra e de volta ao Céu; de espadas flamejantes sendo manipuladas por anjos; de objetos que disparam raios de luz (a arca da aliança; ostensórios); de um Diabo com chifres e um tridente em fogo; de Jesus andando sobre as águas; e de hostes celestes que vivem no espaço. Para nós, estas são representações artísticas de coisas que em algum momento foram consideradas verdadeiras. Os budistas e os hindus pensam da mesma forma. A crença firme nessas verdades antigas não somente é representada no campo cultural de uma religião, mas também pode conter *conhecimento* antigo (em contraste com crenças). Vemos um exemplo no livro de Peter Fiebag, *Geheimnisse der Naturvölker (Secrets of Native People)*.[81]

Fiebag, professor de Ensino Médio, era também viajante e pesquisador, um andarilho e escritor. Alguns anos atrás, ele visitou a ilha de Sulawesi (Indonésia) e lá percorreu as terras altas, habitadas pela tribo dos Toraja. Logo descobriu que o povo Toraja se considera "filho das estrelas". Atentamente, Fiebag começou a estudar as incríveis tradições dessa tribo. Os Toraja lhe disseram com segurança que seus ancestrais vieram do espaço sideral, em um passado obscuro e distante. Eles manifestam essas crenças até os dias de hoje – em sua religião, em certas palavras e até em suas casas. Os Toraja chamam sua religião de *manurun di langi* – "aquilo que veio do céu", ou simplesmente "veio do céu". O próprio formato de suas residências lembraria os objetos com os quais os antigos ancestrais vieram do Universo. Fiebag descreve: "A casa é representada cosmologicamente, e não retratada em cânticos como se fosse um navio. O telhado da casa é relacionado a um pássaro e ao ato de voar. Simboliza o espaço, mas o espaço exterior. Um 'katik', pássaro celestial de pescoço longo na mitologia Toraja, se projeta para fora da cabeça do búfalo, acima da área de entrada; isso confirma a expressão simbólica. A roda do sol é outro símbolo do espaço, assim como o galo na área dos telhados, cuja cabeça se identifica com a constelação das Plêiades e cujo corpo é ligado a Órion e Sirius... Um estudante de línguas e nativo de Toraja, Armin Achsin, formulou: 'A casa Tongkonan simboliza o Universo. O telhado representa o céu e é ligado, na mente, com o Universo. O pilar central... une a terra e o céu'". Os índios Kogi, na Colômbia, mandam lembranças.

Fiebag soube que o ancestral original dos Toraja, Tamboro-langi, chegou à Terra em uma "estrutura feita de ferro", uma "casa que balançava". Arrumou uma esposa e, em diversas ocasiões, trocava de residência entre a Terra e seu lar celestial. Um dia, enfureceu-se e destruiu a "escadaria celeste". "Quando quis visitar a Terra mais

---

81. Fiebag, Peter. *Geheimnisse der Naturvölker* [*Secrets of Native Peoples*]. Munique, 1999.

uma vez, voou até aqui desde as estrelas, com sua casa celestial. Aterrissou nas montanhas de Ullin, em Tana-Toraja, não muito longe de Rantepao. Portanto, as casas de Toraja são réplicas de uma nave estelar que Tamboro-langi trouxe das Plêiades à Terra" (ver Fiebag, nota 81). Essa história não é um conto de fadas, e sim conhecimento possuído por uma tribo existente até hoje, e demonstrado nos nomes e edifícios das pessoas.

Casas nos céus? Nada além de bordados fantasiosos? Eu recomendaria a qualquer turista na Tailândia que visitasse as partes acessíveis ao público do palácio real em Bangcoc. Verá representações da história da monarquia tailandesa em uma magnífica galeria de imagens. Encontrará pinturas de casas e palácios inteiros voando entre as nuvens. No Templo do Buda de Esmeralda, o turista vislumbrará uma representação pictórica do *Ramakian*. O *Ramakian* é a versão tailandesa do épico indiano *Ramayana*. Histórias do *Ramayana* são ilustradas em cores em 178 seções. O observador verá a reprodução de deuses com armas de outros mundos. Não são poucas as figuras divinas que se movem no ar e disparam suas armas de raios mortais a partir das nuvens.

Os deuses do mundo asiático utilizavam armas terríveis. Algumas são conhecidas hoje, outras se encontram em um reino de Utopia até para nós. Examinarei o tema detalhadamente no próximo capítulo.

Capítulo 4

Armas dos Deuses

"Aquele que insiste em sua posição, já a perdeu."

Max Rychner

Você consegue imaginar uma arma que retorna ao atacante como um bumerangue, mas que consiste em uma chama ardente? Uma arma que evapora água e cobre todo planeta com vapor? Uma arma que faz adormecer instantaneamente um exército inteiro? Uma arma que cria "ilusões", de modo que o inimigo ataca algo que não existe? Uma arma capaz de partir em pedaços um planeta inteiro? Uma arma que torna o atacante e toda a sua tecnologia invisíveis? Uma arma que pode ser usada a partir do espaço exterior para incendiar países inteiros? Você pode imaginar hábitats no espaço tão vastos, capazes de abrigar milhares de pessoas? Hábitats com jardins e campos próprios, água corrente e tudo quanto é tipo de comodidade que funciona de acordo com um princípio antigravitacional e pode atingir velocidades inacreditáveis de locomoção?

Consegue imaginar tais situações futurísticas? Talvez daqui a mil anos? Ora, tudo isso e mais ainda já existiu: sabemos disso – *se* quisermos saber. Onde? Na antiga literatura indiana. Por centenas de anos, desde que as potências ocidentais dominaram a Índia, olhamos para as antigas tradições do país com uma atitude de deboche, como algo derivado da imaginação. Estudiosos especialistas traduziram os grandes épicos indianos para o inglês e o francês, sempre com uma atitude arrogante, como se não pudesse existir ciência além da ocidental. Como sempre – e me canso de escrever a respeito disso –, psicólogos e teólogos saltaram sobre os textos antigos e falsificaram e torceram tudo; não por má intenção, mas falta de entendimento. Não era a hora, ainda.

Os tempos mudaram. Os estudiosos indianos de sânscrito despertaram de seu "sono da beleza" e começaram a examinar seus próprios épicos, vedas e textos antigos sob uma lente de aumento, por assim dizer; agora os veem com o conhecimento de nossos tempos. Cada vez mais textos são acrescidos, a montanha de informações aumentou e os especialistas ocidentais em estudos indianos ficam cada vez mais perplexos. Na Índia antiga, as pessoas não estavam criando histórias de ficção científica, tampouco especulando sobre armas fabulosas ou visualizando espaçonaves – tudo isso era, em determinada época, a realidade. Não podemos mais evitar essa conclusão, e aqueles especialistas em estudos indianos que ainda não compreendem isso deveriam abandonar seus empregos de professor.

Podemos começar com algumas coisas simples. No *Vymaanika-Shaastra*, uma antiga coletânea de diversos textos, as seguintes tecnologias são descritas:[82]

- um tipo de espelho usado para atrair energia;
- um aparelho que permite que um veículo voador aumente ou diminua de tamanho em voo;
- um instrumento capaz de medir a intensidade do relâmpago;
- um aparelho para extrair os mais diversos recursos naturais sob a superfície do planeta (minerais, minérios, ouro e muito mais);
- um dispositivo que converte a luz do dia em escuridão;
- uma máquina capaz de canalizar energia solar;
- um aparelho que interrompe os movimentos de uma máquina voadora inimiga;

---

82. Bharadwaaji, Maharshi. *Vymaanika-Shaastra*. Traduzido por Joyser, G. R. Mysore, 1973.

- um dispositivo que torna seu veículo voador invisível;
- cristais que produzem energia;
- um aparelho que repele substâncias químicas e biológicas usadas como armas;
- um escudo protetor em torno de sua máquina;
- vários tipos de metais que repelem o calor;
- motores para máquinas voadoras, cuja energia vem do mercúrio;
- ligas indescritíveis que ainda não compreendemos, pois os textos em sânscrito são intraduzíveis.

O estudioso de sânscrito, professor doutor Kanjilal, cita as seguintes fontes que relatam armas terríveis, vários tipos de veículos voadores e espaçonaves:[83]

- *Vymaanika-Shaastra*
- *Samarangana Sutradhara*
- *Yuktikalpataru*
- *Mayamatam*
- *Ayurveda Rigveda*
- *Mahabharata*
- *Ramayana*
- *Puranas*
- *Bhagavata*
- *Raghuvamsam*
- O *Abimaraka*, de Bhsa
- *Jatakas*
- A literatura *Avadana*

---

83. Kanjilal, Dileep Kumar. *Vimana in Ancient India*. Calcutá, 1991.

- *Kathasaritsagara*
- O *Yuktikalpataru*, de Bhoja

Essas palavras impronunciáveis são compreendidas apenas pelos estudiosos de sânscrito, mas eles – melhor que qualquer outra pessoa – deveriam saber onde encontrar os textos sobre visões futurísticas no passado longínquo. As primeiras traduções de textos descrevendo eventos inacreditáveis apareceram na Índia em 1968, sob a direção editorial de Swami Brahamuni Parivrajaha, seguidas em 1973 pela publicação da Academia de Pesquisa de Sânscrito, em Mysore. Essa edição de Mysore do *Vymaanika-Shaastra* contém uma tradução em inglês, mas nenhum comentário. A edição hindi, por sua vez, contém uma introdução explicando que os originais do *Vymaanika-Shaastra* foram encontrados em 1918 na Biblioteca Baroda Royal Sanscrit. (Uma cópia desse texto, fotografado e datado em 19 de agosto de 1919, encontra-se na faculdade Poona. Palavra-chave: *Venkatachalam Sarma*.)

O capítulo XXXI do *Samarangana Sutradhara* contém muitos detalhes sobre a construção de máquinas voadoras. Mesmo que algumas dessas palavras tenham aparecido somente em nossos dias, todas elas, sem exceção, se referem a textos indianos muito antigos. A edição hindi do *Vymaanika-Shaastra* faz referência a 97 textos indianos antigos que tratam de aparelhos voadores, o *Yuktikalpataru*, de Bhoja, menciona veículos voadores nos versículos 48 a 50. A tradução mais antiga é de 1870, quando o mundo ocidental não tinha a menor ideia de aeroplanos, muito menos de espaçonaves.

A primeira referência a aparelhos voadores, que se deslocam pelo espaço carregando pessoas a bordo – e também deuses – aparece nos hinos aos gêmeos Asvinas e aos semideuses Rbhus. Isso se encontra no *Rigveda*. Os *Vedas* (antigo termo indiano *veda* – conhecimento) compilam a mais antiga literatura religiosa da Índia. A língua indiana antiga, na qual os *Vedas* foram registrados, é consideravelmente mais velha que a literatura sânscrita posterior. Os *Vedas* são uma coletânea de escrituras antigas que eram consideradas "sobre-humanas" e inspiradas, consistindo em quatro grandes blocos. Os 1.028 hinos do *Rigveda* são dirigidos a deuses individuais. E há também o antigo épico nacional indiano, o *Mahabharata*, com cerca de 160 mil versículos. Provavelmente é o poema mais volumoso de qualquer cultura. O *Ramayana* consiste em outras 24 mil *slokas* (métrica de rima indiana consistindo em linhas duplas de versos). E, por fim, mas não menos importante, os *Puranas*. Apresento a seguir uma lista deles para que o leigo tenha uma ideia do volume dessa massa incrível de literatura à nossa disposição:

- *Vishnu Purana*, 23 mil versículos
- *Naradiya Purana*, 25 mil versículos
- *Padma Purana*, 55 mil versículos
- *Garuda Purana*, 19 mil versículos
- *Varaha Purana*, 18 mil versículos
- *Bhagavata Purana*, 18 mil versículos
- *Brahmanda Purana*, 12 mil versículos
- *Brahmavaivarta Purana*, 18 mil versículos
- *Markandeya Purana*, 9 mil versículos
- *Bhavisya Purana*, 14.500 mil versículos
- *Vamana Purana*, 10 mil versículos
- *Bhahma Purana*, 10 mil versículos
- *Matsya Purana*, 14 mil versículos
- *Kurma Purana*, 17 mil versículos
- *Linga Purana*, 10 mil versículos
- *Shiva Purana*, 24 mil versículos
- *Skanda Purana*, 81 mil versículos
- *Agni Purana*, 15.400 versículos

Se acrescentarmos o *Mahabharata* e o *Ramayana* àqueles, temos um total de 560 mil versículos! Sim, a antiga literatura indiana é extremamente volumosa. Nenhum outro povo no mundo possui tradições tão poderosas – comparado a essa torrente de informações, nosso Antigo Testamento é um mero fiozinho escorrendo. Ora, esses antigos textos indianos estavam sempre ali, embora parcialmente escondidos em monastérios e porões. Mas por que só agora começamos a procurar neles aparelhos voadores e espaçonaves?

Os tradutores dos séculos XIX e XX estavam imersos no espírito de seu tempo. Se o *Ramayana*, por exemplo, falasse de uma carruagem voadora "que fazia as montanhas tremer, decolava com um som de trovão e incendiava florestas e os telhados dos edifícios", o tradutor inseria este tipo de comentário: "Sem dúvida, essa é uma referência a uma tempestade tropical".[84] O pesquisador de 1884 não poderia entender tais palavras de outra maneira; o mundo dele era um lugar ordeiro. Detalhe perturbador: essa atitude permeia toda a literatura ocidental que aborda a Índia antiga. Que atroz! O professor alemão Hermann Jacobi traduziu o *Ramayana* em 1893. Não o fez de forma organizada, versículo por versículo, mas simplesmente omitiu complexos inteiros que considerou supérfluos. Muito arrogante, ele anotou passagens com comentários do tipo "palavrório sem sentido" ou "essa passagem pode ser omitida, pois apenas contém fantasia".[85]

Ao pesquisar nas excelentes coleções da Biblioteca da Cidade e da Universidade de Berna, encontrei inúmeros volumes sobre a antiga literatura indiana, misticismo indiano, mitologia indiana e numerosos comentários a respeito do *Mahabharata*, do *Ramayana* e dos *Vedas*. Mas não havia uma tradução direta. Extremamente frustrante. Todos os cérebros brilhantes que escreveram qualquer coisa acerca da Índia antiga em alemão deviam ser machos alfa: não terás uma opinião diferente da minha. Viviam embalados no sono de seu próprio *zeitgeist* (espírito de época) que os deixava felizes; sofriam de cegueira profissional e haviam sido "vacinados" com a Bíblia. Só me restava basear-me nas traduções em língua inglesa, a tradução do *Mahabharata*, de Chandra Potrap Roy (Calcutá, 1896), e a tradução

---

84. Ludwig, A. *Abhandlungen über das Ramayana und die Beziehungen desselben zum Mahabharata* [*Treatises on the Ramayana and its Connections with the Mahabharata*]. Praga, 1894.
85. Jacobi, Hermann. *Das Ramayana* [*The Ramayana*]. Bonn, 1893.

do *Ramayana*, de M. Nath Dutt (Calcutá, 1891).⁸⁶ ⁸⁷ Outra literatura que usei está assinalada e listada nas notas de rodapé.

Até hoje, somente encontrei duas obras em alemão que ousaram abordar os antigos textos indianos com olhos modernos. Uma delas é o livro extensivamente pesquisado sobre a Índia, do especialista Lutz Gentes,⁸⁸ intitulado *Die Wirklichkeit der Götter*, e uma interpretação moderna dos textos védicos no livro *Gott und Götter*, de autoria do especialista em temas indianos, Armin Risi.⁸⁹

Os princípios da construção de máquinas voadoras são explicados em 230 linhas no *Samarangana Sutradhara*, de Bhoja. Essas máquinas eram capazes de manobras incomuns, assim como nossos helicópteros. Pairam acima de qualquer lugar, voam ao redor da Terra ou além. As descrições seriam insuficientes para reconstruir uma cópia do veículo hoje, mas havia uma metodologia nelas, mesmo naqueles tempos. O autor desconhecido comentava, milhares de anos atrás, que agia assim não por falta de conhecimento, mas para evitar o mau uso delas.

O domínio do ar e do espaço não se restringia aos poucos escolhidos, naqueles dias. Lemos:

O corpo deve ser construído de modo que seja forte e durável... Feito de metal leve [há menção de mica, EvD]... A energia residente no mercúrio, posta em movimento pela força impulsiva do rodamoinho, permite que um ser humano percorra grandes distâncias nos céus de uma forma maravilhosa. Do mesmo modo, um vimana [nome indiano antigo para designar um veículo espacial] pode ser construído, sendo do tamanho de um templo para o "Deus em movimento". Quatro fortes receptáculos para o mercúrio devem ser embutidos. Quando aquecido por fogo regulado nos receptáculos de ferro, o vimana desenvolverá a força do trovão por meio do mercúrio, e logo terá a aparência de uma pérola no céu (ver Kanjilal, nota 83).

---

86. Roy, Potrap Chandra. *The Mahabharata*. Calcutá, 1896.
87. Dutt, Nath M. *The Ramayana*. Calcutá, 1891.
88. Gentes, Lutz. *Die Wirklichkeit der Götter* [*The Reality of the Gods*]. Munique, 1996.
89. Risi, Armin. *Gott und Götter. Das vedische Weltvild revolutioniert die modern Wissenschaft, Esoterik und Theologie* [*God and the Gods. The Vedic World View Revolutionizes Modern Science, Esotericism and Theology*]. Zurique, 1995.

No *Vishnu Purana*, lemos:

Enquanto Kalki ainda falava, duas carruagens desceram do Céu diante deles, brilhantes como o sol, compostas de pedras preciosas de todos os tipos, e que se moviam sozinhas e eram protegidas por armas reluzentes.[90]

O rei Rumanvat possuía um vimana do tamanho de um avião jumbo, à sua disposição:

Tanto o rei quando o harém, mas também o grupo de dignitários de cada parte da cidade, se sentaram no veículo celestial. Alcançaram a grande vastidão do céu e seguiram as rotas dos ventos. O veículo celestial voou por sobre a Terra, acima dos oceanos, e enfim desviou na direção da cidade de Avantis, onde ocorria um festival. O vimana se deteve, para que o rei pudesse participar das festividades. Depois de uma parada curta, o rei partiu novamente, observado por inúmeros curiosos que admiravam o veículo celestial.[91]

Os hinos do *Rigveda*, nos trechos em que falam do vimana dos irmãos gêmeos Asvinas, fornecem detalhes sobre o veículo voador. Era triangular e pilotado por três pessoas ("tri bandhura"). Possuía rodas que se recolhiam e era construído de metal leve que lembrava o ouro. O combustível para esse veículo voador consistia em líquidos chamados de "madhu" e "anna"; nenhum estudioso de sânscrito sabe traduzir essas palavras. O vimana movia-se com mais leveza que um pássaro e podia voar até a Lua e retornar, sem esforço. Ao pousar na Terra, fazia muito barulho. O *Rigveda* menciona explicitamente diversos tipos de combustível que eram armazenados em contêineres variados. Cada vez que o veículo descia das nuvens, formavam-se multidões para observar o espetáculo. Esse veículo, que realizava viagens espaciais, transportava até oito pessoas. Nada mau.

Três veículos voadores são mencionados na seção 1.46.4 do *Rigveda*. Os três são capazes de conduzir, do ar, operações de resgate. Pelo menos um deles possuía características anfíbias, pois se deslocava na água com a mesma facilidade que no ar. Há menção

---

90. Mani, Vaidhyanathan. *Raja: The cult of Weapons*. Deli, 1985.
91. Laufer, Berthold. "The Pre History of Aviation" in *Field Museum of Natural History*, Anthropological Series, vol. XVIII, nº 1, Chicago, 1928.

de 30 operações de resgate conduzidas: do mar, de cavernas e até de câmaras de tortura.

As seções do *Rigveda* 1.166.4 a 5.9 descrevem o modo como os edifícios tremiam, as árvores eram arrancadas e o eco do ruído produzido na decolagem repercutia nas colinas quando o navio celestial levantava voo. Em toda a literatura purana e clássica da antiga Índia, a palavra "vimana" se refere a um veículo voador que brilha no céu (não aquele Céu nefasto!) e contém substâncias líquidas para combustível.

Apesar de todos esses textos muito claros, com milhares de anos, os especialistas europeus em estudos indianos ainda se comportam como se nada disso existisse, como se os textos fossem mera ficção ainda que tecida a partir de uma fonte possivelmente verdadeira. Essa fonte, creem os especialistas, seria nada mais que uma rixa entre duas famílias. Talvez isso tenha acontecido, mas não explica as armas terríveis nem os vimanas, muito menos as cidades no espaço.

A base do *Mahabharata* (o épico indiano antigo mais volumoso) é a batalha entre duas casas da realeza. A casa de Kurus teria sido gerada a partir de um rei da dinastia da Lua e produzido dois irmãos, Dhritarashtra, o mais velho, e Pandu, o mais novo. Pandu obteve o trono porque seu irmão era cego. Mas o cego gerou 100 filhos homens: os Kauravas. Pandu, o mais jovem, tinha cinco filhos, os Pandavas. Quis o destino que Pandu morresse enquanto seus filhos ainda eram menores de idade. Assim, os Kauravas bolaram meios engenhosos de se livrar dos jovens Pandavas. Não obtendo êxito, foram obrigados a dar aos primos ao menos uma parte do reino. Assim começou o drama familiar.

Os Kauravas, em maioria, desafiaram os Pandavas para um jogo de dados. Os mais jovens perderam e tiveram de entregar parte de seu reino e desaparecer no exílio por 13 anos. Inevitavelmente, os Pandavas exigiram o reino de volta após o exílio. Mas os Kauravas, que haviam se tornado muito poderosos, recusaram. Foi o início da mais terrível guerra já descrita na literatura antiga. O *Mahabharata* nos conta, inclusive, que todos os povos da Terra tomaram partidos, colocando-se ao lado de um ou de outro grupo de primos guerreiros. A última batalha ocorreu no campo de Kurukshetra e foi conduzida com extraordinária persistência. Foram utilizadas terríveis "armas dos deuses", que os humanos não tinham como resistir. Os gloriosos e poderosos guerreiros caíam, um após outro. Os Pandavas só venceram no 18º dia, com 18 "grandes unidades" do exército sendo massacradas. De acordo com cálculos modernos, seria o equivalente a quatro milhões de pessoas. No fim, das grandes massas de guerreiros que participaram da batalha, apenas seis pessoas sobreviveram do lado dos Pandavas, entre elas os cinco filhos de Pandu. Dos Kauravas, apenas três sobreviveram até o fim dessa guerra de irmãos.

Essa é a trama básica do *Mahabharata*; o fio de prumo, por assim dizer. Os heróis da guerra – alguns de origem divina – pediam constantemente a seus protetores celestes novas armas, sempre que se sentiam ameaçados em combate. E os deuses ouviam seus pedidos, sem demonstrar muita sensibilidade. Ou seja, armas incríveis eram usadas, todas do arsenal dos Celestiais. Estes voavam por toda parte em seus vimanas, ou desfrutavam a *dolce vita* em cidades espaciais gigantescas, enquanto os humanos sangravam até morrer nos campos de batalha.

Por exemplo, o herói Vasudeva implorou ao Deus Agni (Deus do Fogo) que lhe desse uma arma nova, e Agni lhe deu de presente o disco "Charka". Esse disco tinha um cabo de metal no centro e sempre voltava a Vasudeva, mesmo depois de derrotar o inimigo. Veja o que acontece no segundo capítulo do *Mahabharata*. O disco derruba os guerreiros e corta a cabeça de um rei bem protegido, e depois voa de volta para Vasudeva. Assustador.

No *Pana Parva* (terceiro livro do *Mahabharata*), Arjuna pede ao Deus Shiva uma arma. Shiva lhe dá a arma, com as seguintes palavras:

"Dar-lhe-ei minha arma favorita, Pashupata. Ninguém, nem mesmo os deuses mais altos, a conhece. Tome muito cuidado para não usá-la de modo incorreto, pois se utilizá-la contra um inimigo fraco, poderá destruir o mundo inteiro. Não há quem resista a essa arma. Você poderá dispará-la com um arco, ou com os olhos, ou até mesmo com o poder de seu intelecto".

Arjuna, então, é instruído nos segredos do uso daquela arma. Pouco depois, o semideus Kuvera se junta a eles. Ele dá a Arjuna a arma chamada "Antardhana". Ela tem o poder de adormecer instantaneamente todos os inimigos. Uma arma hipnótica? Por fim, Indra, Senhor dos Céus, aparece em pessoa em uma carruagem de batalha celestial e convida Arjuna a subir no veículo voador e visitar os reinos celestes com ele. O *Vana Parva* (parte do *Mahabharata*) conta que Kaurava também foi convidado para visitar os reinos acima da Terra:

Precisa ascender aos céus. Prepare-se, portanto. Meu veículo celestial, com Matali como piloto [condutor da carruagem] logo voará até a Terra. Ele o levará aos reinos celestes, e eu lhe prometo dar todas as minhas armas celestiais.[92]

Tentei traduzir a partir das traduções inglesas do século XIX as passagens que não estão disponíveis em alemão. Em casos de dúvida, onde existem várias opções, ofereço o texto original em inglês. A passagem a seguir é da divisão XLII do *Vana Parva*, com o título de *Indralokagamana Parva* (parte do *Mahabharata*):

E enquanto Gudakesha, munido de grande inteligência, ainda ponderava, o veículo equipado com grande superioridade e pilotado por Matali surgiu dentre as nuvens. Iluminou todo o firmamento e inundou a área com grande ruído, como um trovão. Mísseis de uma espécie terrível... dardos alados de esplendor celestial e luzes esplendorosas, além de relâmpagos e "tutagudas" [intraduzível], equipados com rodas, operavam juntos na expansão atmosférica e criavam ruídos como de trovões de diversas nuvens. Tudo isso era parte do veículo voador. E os veículos celestiais possuíam "nagas" [intraduzível, talvez algo com aspecto de serpente] selvagens, com aberturas em brasa... E o veículo celestial se erguia como que sustentado por mil cavalos dourados, e logo alcançava a velocidade do vento. Tal velocidade era obtida tão rapidamente através da própria força do veículo que o olho humano mal discernia o movimento. E Arjuna viu uma espécie de "mastro de bandeira", chamado "Vaijayanta" no veículo celestial, e um fulgor que lembrava a cor de uma esmeralda escura, sendo equipado de ornamentos dourados e reluzentes... Arjuna disse: "Ó Matali, o Maravilhoso, como dirige esse veículo celestial sem perda de tempo,

---

92. Roy, Potrap Chandra. *The Mahabharata, section Vana Parda*. Calcutá, 1884.

como se centenas de cavalos se unissem para puxá-lo. Nem mesmo os reis com toda sua grande riqueza... estão em posição de pilotar esse veículo celestial..." E Arjuna subiu com o objeto mágico, a carruagem que parecia um sol, o veículo celestial; ele, o filho sábio da geração de Kuru. O veículo celestial se deslocou com extraordinária velocidade e logo se tornou invisível para os mortais na Terra.

Divisão XLIII:

E a cidade celestial de Indra, onde chegou Arjuna, era encantadora e também um local de recuperação para "siddhas" e "charanas"... E Arjuna viu os jardins celestiais onde se podia ouvir a música dos céus. E lá em cima, onde o sol já não brilha, tampouco a lua, onde já não reluz o fogo, mas onde tudo brilha com luz própria, Arjuna viu outros veículos celestiais, milhares deles, capazes de movimento à vontade e para qualquer lugar, estacionados em seus devidos lugares. Em seguida, ele notou dez mil desses veículos que se moviam em todas as direções. O que da Terra é visto como estrelas, parecendo-se com lâmpadas por causa da grande distância, são, na realidade, corpos enormes (ver Roy, nota 92).

Nessa história fantástica, ocorrida há milhares de anos em algum lugar no espaço, lemos ainda que Arjuna visita todos os departamentos desse hábitat espacial e vê testes feitos com as mais variadas armas dos Seres Celestiais. Ele mesmo tem de aprender a controlar essas armas terríveis. O programa de treinamento, no meio do luxo dos seres celestiais, dura cinco anos. Arjuna recebeu instruções também para o uso de instrumentos musicais que somente seres celestiais utilizavam e "não existiam no mundo dos humanos".

Tudo isso parece mesmo um conto de fadas, mas não é. A descrição é de eventos reais. Lembro-me de conversas nas quais se comentou, repetidas vezes, que os seres humanos desejam essa arma suprema quando se sentem acuados. Talvez. Mas não uma arma que não existia no mundo do homem da Idade da Pedra, como, por exemplo, armas hipnóticas.

A objeção apresentada foi que os humanos simplesmente observavam os pássaros, voando tranquilamente em círculos no ar, e desejaram, então, imitá-los. Lindo. Os pássaros, porém, não causam barulhos medonhos nem fazem as montanhas e vales tremerem. E, principalmente, pássaros não precisam de pilotos que necessitam de um treinamento especial. Além disso, eles não possuem motores com uma espécie de tração de mercúrio. E os pássaros não voam até o espaço sideral.

Arjuna, o herói do *Mahabharata*, esteve realmente lá e não em uma terra de sonhos. Por fim, há uma descrição de tudo brilhante com luz própria, que não é o Sol nem a Lua. Vemos que milhares de outros veículos voadores estavam estacionados e, por causa da grande distância da Terra, eles se pareciam com lâmpadas, mas eram, na realidade, objetos enormes.

Não, meus caros amigos de outras aptidões: não iremos longe com a psicologia nem com bobagens. Na Terra, as pessoas achariam que o Sol brilha ainda mais forte lá em cima que aqui. Mas o que acontece é o contrário: está escuro no espaço. Ninguém sonha isso. Aquele que nega a descrição de cidades espaciais, veículos espaciais, naves e milhares de veículos voadores no *Mahabharata* simplesmente não quer que isso seja verdade porque não se encaixa em seu conceito do mundo.

A noção de que não poderia existir um veículo espacial no passado longínquo e nebuloso, na verdade, contradiz as regras da evolução, segundo as quais os humanos passaram por um desenvolvimento semelhante. Mas se a evolução é um processo contínuo, eu gostaria de uma explicação para todas as estranhas descrições de veículos celestes subitamente aparecendo em todo o mundo, nos livros antigos. Por que nossos ancestrais sempre relatam deuses que vêm dos céus? Onde nossos ancestrais, que tinham acabado de sair da Idade de Pedra, encontraram plantas de construção dos veículos celestes descritos? Onde obtiveram o conhecimento sobre as ligas usadas nos instrumentos de navegação? Nem mesmo os "deuses" teriam voado sem instrumentos. Não eram pipas de brinquedo nem balões de gás. Os vimanas possuíam vários andares, eram grandes como templos e atingiam velocidades com as quais os pássaros nem sonhavam.

Na literatura sânscrita, não encontramos uma única linha que se refira a técnicos, fábricas ou voos de teste. Os veículos celestiais apareciam, de repente. Os deuses os criavam e voavam neles. Inovações, planejamento e execução não aconteciam em nosso planeta. Tais coisas não evoluíam, nada era desenvolvido passo a passo. Se possuíssemos essa tecnologia, a humanidade já teria aterrissado em Marte milhares de anos atrás! Os veículos voadores descritos nos textos indianos estavam muito à frente de nossa tecnologia atual. Eles podiam voar ao redor da Terra, chegar facilmente à Lua, parar em pleno espaço quando e onde quisessem, e tinham à sua disposição energias que sequer imaginamos. Há mais de 50 anos, Loren Eiseley, professor de antropologia na Universidade da Pensilvânia, notou que havia algo estranho:

Temos todos os motivos para crer que, independentemente das forças envolvidas na formação do cérebro humano, uma luta árdua e longa pela sobrevivência entre vários grupos de seres humanos não poderia ter gerado as altas faculdades espirituais que observamos hoje em dia em todos os povos da Terra. Alguma outra coisa, um fator de formação diverso, deve ter escapado aos olhos dos teóricos da evolução.[93]

Exatamente. O professor Eiseley está bem acompanhado, hoje. Cada vez mais antropólogos e geneticistas que estudam as leis da genética em uma base molecular também observaram o mesmo fenômeno. O fator de formação que falta tem nome: os deuses. O detalhe perturbador nisso tudo é que essas novas visões são muito mal divulgadas nas mídias de massa, pois essas instituições ainda são conduzidas por atitudes antiquadas.

Se aceitarmos o fator dos "deuses" (extraterrestres) em ao menos um exemplo, os textos antigos de fora da Índia também ficam claros. Inclusive o ciumento e briguento Deus do Antigo Testamento. Esse *insight* simples também lança alguma luz sobre determinadas tecnologias de construção da Pré-história. Sendo ele aceito, a compreensão ocorrerá no mundo todo.

Conduzido por Matali, subitamente iluminando o céu, com seu aspecto de línguas de fogo sem fumaça, ou como um meteoro brilhante

---

93. Eiseley, Loren. *Von der Entstehung des Lebens und der Naturgeschiche des Menschen* [*On the Origins of Life and the Natural History of Humans*]. Munique, 1959.

entre as nuvens, o veículo celestial apareceu [*Mahabharata*, seção CLXV, *Nivata-Kavacha-yuddha Parva*]. (Ver nota 92)

Pássaros? Sonhos? Abracadabra?

Ainda invisíveis, os Daityas começaram a guerrear com a ajuda de ilusões. E lutei com eles e usei a energia das armas invisíveis... E quando os Daityas fugiram e tudo ficou novamente visível, os corpos de centenas de milhares de pessoas assassinadas cobriam a Terra... Senti-me inseguro, e Matali notou. Quando viu meu estado de choque, ele disse: "Ó Arjuna, Arjuna! Não tenha medo. Use a arma de trovão e relâmpagos". Ao ouvir tais palavras, disparei essa arma favorita dos reis dos celestiais [*Mahabharata*, seção CLXXII, *Nivata-Kavacha-yuddha Parva*]. (Ver nota 92)

Fantasias tolas? Dificilmente, pois quando a arma era usada, partia montanhas inteiras, incendiava florestas e causava terrível destruição nas fileiras inimigas.

Nesse meio-tempo, uma batalha diferente ocorria nos céus. Como os celestiais haviam tomado o partido de um ou de outro lado dos terrestres, os deuses também começaram a atirar uns contra os outros. No terceiro capítulo do livro *Sabha-parvan* (parte do *Mahabharata*), cidades celestiais de diversos tamanhos são descritas. Elas são governadas por Indra, Brahma, Rudra, Yama, Kuvera e Varuna. Essas cidades celestiais tinham o nome coletivo de *sabha*. Possuíam proporções imensas e, vistas da Terra, brilhavam como cobre, ouro ou prata. Nelas havia todo tipo de alimento, bem como água em grandes volumes, jardins e riachos, áreas de habitação e salões de assembleias. Havia hangares gigantes para os vimanas e, claro, para as armas terríveis. Uma dessas cidades, que giravam sobre si mesmas, se chamava Hiranyaoura (cidade de ouro), construída originalmente por Brahma. Outras duas eram Gaganacara e Khecara. Com o tempo, essas cidades foram habitadas por seres malignos, chamados *daemons* no *Mahabharata*. Tais *daemons* ficaram do lado dos humanos errados. Parece que o deus supremo Indra não gostou muito disso e ordenou que essas cidades celestiais fossem destruídas. Coube a Arjuna a tarefa de pôr em prática a destruição, pois fora treinado por cinco anos no uso das terríveis armas. Além disso, ele tinha à sua disposição o melhor piloto de uma espaçonave, Matali. Arjuna não estaria sozinho, pois outras espaçonaves com pilotos guerreiros treinados o apoiavam.

Ocorreu uma batalha espacial regular. Os *daemons* sabiam deixar suas estruturas espaciais gigantescas invisíveis. Eles também possuíam armas traiçoeiras que usavam para repelir o ataque do adversário por algum tempo. As cidades celestiais dos *daemons* foram catapultadas a certa distância no espaço, e Arjuna aguardava uma boa posição para mirar:

Quando as três cidades se encontraram no espaço, ele disparou através delas um raio terrível de fogo triplo. Os daemons foram incapazes de resistir a esse raio, que vinha imbuído de fogo Yuga e misturado com Vishnu e Soma. Enquanto as três cidades começavam a incendiar, Parvati logo se aproximou para observar o espetáculo.[94]

Mencionei essa batalha espacial em meus livros anteriores, mas agora pude contar com uma tradução ainda mais antiga. Todos os tradutores do século XIX traduziam as passagens do mesmo modo, embora nenhum deles, em sua época (entre 1860 e 1890) tivessem a menor ideia acerca das cidades celestiais. Todos usaram os termos "cidades celestiais no céu" e "as três cidades se juntaram no firmamento".

Hoje, poderosas cidades espaciais em que batalhas são travadas entre raças rivais não são novidade nas séries de ficção científica. Tudo isso já era descrito na literatura indiana antiga. Nada se encaixa se seguirmos os padrões de pensamento evolucionário comuns e simplistas. Isso é óbvio. O mesmo se aplica às armas dos deuses, usadas no *Mahabharata*, por exemplo:

Essa arma causou medo e assombro quando Kama a tirou do depósito de armamentos... Os pássaros no ar ficaram agitadíssimos, uma violenta tempestade se formou, com relâmpagos e trovões. A arma penetrou com estrondoso ruído no coração de Ghatotkachas, atravessou-o e desapareceu no céu noturno estrelado.

Aswathama arremessou sua arma perigosíssima, "Narayana", contra as tropas Pandava. Ela voou pelo ar, milhares de dardos desceram como serpentes sibilantes e caíram por todos os lados dos

---

94. Roy, Potrap Chandra. *The Mahabharata*, vol. VI, *Drona Parva*. Calcutá, 1893.

guerreiros. Vasudeva rogou às tropas que parassem de lutar e depusessem suas armas, pois ele sabia que a arma Narayana procederia de acordo com um encantamento mágico. Ela mataria todos que lutassem ou pretendessem lutar, deixando ilesos aqueles que tivessem deposto suas armas.[95]

Um dos bravos, Bhima, não quis depor sua arma e, imediatamente, foi engolfado em um mar de chamas. Arjuna, então, entrou no campo de batalha e usou sua arma divina, "Baruna". Ela apagou o fogo, mas somente depois de Bhima finalmente largar a arma.

Estamos acostumados hoje em dia com lançadores de foguetes múltiplos, mas não conhecemos mísseis que somente atacam inimigos portando armas. Como funcionam? Muita coisa era possível para os deuses, e no *Mahabharata* até armas nucleares são utilizadas:

Sob seu comando, Arjuna disparou as armas que tinham o poder de repelir a destruição... As armas voavam bem alto no ar e delas saíam chamas que lembram o fogo que consome a terra no fim de cada era mundial. Milhares de estrelas cadentes caíram do céu, os animais em terra e mar tremiam de medo. A Terra tremeu... Naquele momento, o mais famoso sábio da época se aproximou, Veda Vyasa... e recomendou urgentemente [a alguém] que recolhesse a arma que ele havia liberado. Se não fizesse isso, Arjuna retalharia tal arma com sua "Brahmastra", que era infalível. Se a situação chegasse a tal ponto, 12 anos de seca assolariam a região. Arjuna sabia disso e, portanto, pelo bem da humanidade, sempre se controlara, com o intuito de salvá-la. Aswathama deveria, enfim, recolher imediatamente sua rama e entregar a pedra preciosa... Aswathama falou: "... Essa arma infalível matará até mesmo os bebês ainda não nascidos...". Foi por isso que todos os bebês vieram natimortos.

Não é a única passagem no *Mahabharata* que se refere à radiação letal. A citação seguinte origina do quinto livro do *Mahabharata* e foi traduzida em 1891:

---

95. Biren, Roy. *Das Mahabharata – ein altindisches Epos aud em Englischen übertragen von E. Roemer* [*The Mahabharata – an Ancient Indian Epic*, tranduzido do inglês por E. Roemer]. Düsseldorf, 1961.

O sol parecia girar em um círculo. Chamuscada pelo calor das armas, a Terra oscilava nesse calor. Os elefantes se queimaram e corriam enlouquecidos, de um lado para outro...

O fogo que tudo consumia derrubou numerosas árvores, como em um incêndio das florestas... cavalos e carruagens ardiam em chamas, tudo parecia como normalmente fica após uma grande conflagração. Milhares de veículos foram destruídos, e então uma quietude profunda se espalhou pela Terra... uma cena medonha foi vista. Os cadáveres dos abatidos foram mutilados pelo calor terrível; já não pareciam mais humanos. Nunca vimos arma tão terrível e jamais ouvimos falar de uma assim... É como um relâmpago fulgurante, um assustador arauto da morte, que fez sucumbir em cinzas todos os seguidores dos Vrishni e dos Andhaka. Os corpos carbonizados estavam irreconhecíveis. Os sobreviventes perceberam que seus cabelos e unhas caíam. Objetos de cerâmica quebravam sozinhos, os pássaros ainda vivos ficaram brancos. Em pouco tempo, a comida se tornou tóxica. O relâmpago baixou e virou um pó fino.[96]

Informações adicionais são fornecidas no oitavo livro do *Mahabharata*, o *Musala Parva*. Lemos ali que Curkha, um dos deuses, disparou um único míssil na cidade tripla, mais brilhante que o Sol. Os elefantes rugiram e se queimaram, todos os pássaros caíram do céu, a comida ficou tóxica, os guerreiros que estavam diretamente envolvidos se jogaram em riachos e lagos, *"pois tudo se cobrira do sopro letal do deus. Bebês morreram ainda no ventre de suas mães".*

Caros céticos, temos que admitir. O que os cronistas de milhares de anos atrás descreveram não veio de meras fantasias macabras. Foi registrado ali uma antiga realidade. Ninguém sabia coisa alguma a respeito de armas tão temíveis antes de Hiroshima e Nagasaki, na Segunda Guerra Mundial. Ninguém sabia que a radioatividade deixa qualquer alimento tóxico; ninguém sabia que a radioatividade, em conjunto com uma queda de raio divino mais brilhante que o Sol, podia matar bebês ainda no ventre da mãe. E ninguém sabia que a radioatividade residual faz *cair cabelo e unhas*. Por quê? *Tudo se cobrira do sopro letal do deus.*

---

96. Roy, Potrap Chandra. *The Mahabharata*. Calcutá, 1891.

Os Céus gritaram, a terra rugiu em resposta, um relâmpago iluminou tudo, a morte caía em torrentes. A claridade cessou, o fogo se apagou. Tudo o que fora atingido pelo relâmpago se transformou em cinzas.

E na oitava tabuinha, Gilgamesh pergunta a seu amigo moribundo, Enkidu: "O sopro tóxico do animal celestial o atingiu?"[97]

Por que a imaginação de nossos ancestrais inventaria algo tão absurdo como um pássaro com "sopro tóxico" que tinha efeito letal? Por que Aswathama, no *Mahabharata*, tinha de entregar sua "pedra preciosa" e recolher uma arma terrível? O que essa pedra preciosa significava? Algum tipo de veículo de comando fora construído nas fábricas de armas dos deuses? Esses deuses eram hipócritas; sob o ponto de vista humano, eles poderiam ser chamados de criminosos. Muniam seus favoritos com armas mortais de destruição e observavam enquanto eles aniquilavam uns aos outros. Os humanos pareciam desempenhar papel de figurantes em todo esse drama. A vida humana parecia não ter valor algum para os deuses. Afinal de contas, eles tinham criado os humanos; governavam sobre a vida e a morte, como podemos determinar a vida e a morte das formigas. Para esses deuses, claro que o tempo não devia ter grande importância. Eles sabiam que os humanos se multiplicariam novamente – assim como as formigas. Não tenho nenhuma simpatia por esse tipo de deus.

Ninguém que tenha estudado literatura indiana antiga duvida de que esses deuses usavam os mais variados tipos de veículos voadores espaciais. O especialista em sânscrito, professor Kanjilal, indicou 41 passagens só no *Vana Parva* (parte do *Mahabharata*).[98] Eis as mais importantes:

- Ó Uparicara Vasu, a grande máquina voadora irá até você. (Cap. 63, 11-16)

- Ó, descendente dos Kurus, aquela pessoa maligna chegou com um veículo voador independente que pode

---

97. Burckhardt, Georg. *Gilgamesh – eine Erzählung aus dem alten Orient* [*Gilgamesh – a Tale from the Ancient Orient*]. Wiesbaden, 1958.
98. Bhandakar Oriental Research Institute. *Vana Parva*, Calcutá, 1981.

seguir para qualquer direção, conhecido como Saubhapura. (Cap. 42, 15-22)

- Quando desapareceu da vista dos mortais, no alto do céu, ele notou milhares de estranhos veículos voadores. (Cap. 42, 30-34)
- Ele entrou no palácio divino favorito de Indra e viu milhares de veículos para os deuses, alguns estacionados, outros em movimento. (Cap. 43, 7-12)
- Os grupos de Maruts vieram em veículos voadores celestiais, e Matali me levou consigo em seu veículo voador e me mostrou os outros veículos voadores. (Cap. 168, 10-11)
- Os deuses apareceram em seus veículos voadores a fim de assistir à batalha entre Kripacarya e Arjuna. O próprio Indra, Senhor dos Céus, chegou com seu objeto voador e com ele vieram 33 seres celestiais. (Cap. 274 e 275)
- Ele lhe deu um veículo voador independente, conhecido como Puspaka. (Cap. 207, 6-9).

No *Kathasaritsagara*, uma coletânea de textos indianos de tempos antigos, é mencionado um veículo voador que "nunca precisa ser reabastecido de combustível" e transporta pessoas a países distantes além do mar. Lá, o leitor pasmo lê a respeito de um veículo voador capaz de cobrir, sem paradas, uma distância de 3.200 quilômetros, calculada de acordo com nossos termos, e de outro, pertencente ao rei Narabahanadutta, no qual mil homens eram transportados em um único voo a Kausambi (cap. 43, 21 em diante).

No século V d.C., o maior e mais dramático artista e poeta da Índia, Kalidasa, viveu na corte dos reis Gupta. Ele adaptou material do *Mahabharata* e do *Ramayana* em seus épicos e dramas, e também na obra intitulada *Raghuwamsha*. Os diversos estágios de voo de Rama a Ajodhja são descritos em detalhes e com exatidão científica assombrosa. Lemos sobre a visão fenomenal dos oceanos arfantes e das montanhas submersas. O veículo voador de Rama alcançava diferentes altitudes; às vezes voava em meio às nuvens, outras vezes abaixo dos pássaros, e às vezes ao longo das rotas "percorridas pelos deuses [em seus veículos]" (cap. 13, 19). O veículo voador sobrevoava toda a Terra Alta de Decan, incluindo as montanhas Alyaban, um lago e o rio Godavari, o emirado de Agastya, bem como o de Sasabhanga, e, por fim, a montanha chamada Chitrakuta. Prosseguia, em seguida, acima da confluência dos rios Ganges e Jammuna, passando pela capital do rei de Nisada, na direção de Uttarakosala, no rio Saraju. Quando o veículo pousava em Uttarakosala, uma multidão se formava. Rama, seguido por seus passageiros, saía do veículo por meio de uma escada reluzente feita de metal (cap. 13, 69). Depois de se encontrar com o governante do lugar, Rama e seu séquito embarcavam em sua máquina voadora novamente pela mesma escada de metal. A rota de voo, que pode facilmente ser reconstruída hoje, consistia em 2.500 quilômetros.

O mesmo dramaturgo Kalidasa também relata uma jornada aérea a bordo de um veículo celestial da Índia novamente pilotado por Matali. O aparelho voador se deslocava pelas nuvens úmidas, onde suas rodas eram recolhidas. Alcançava grandes altitudes, nas quais não havia mais ar respirável, mas também voava tão baixo, rente à densa folhagem da floresta, e os pássaros fugiam, assustados. Após aterrissar, Duhsantra comentou que um dos passageiros estava surpreso pelo fato de as rodas não terem acumulado poeira e sequer tocarem o solo. O piloto Matali gentilmente explicou que esse fenômeno de pairar acima do chão era possível graças à tecnologia superior de Indra. Será que Indra possuía um dispositivo antigravitacional?

Kalidasa compilou também algumas comédias, além de seus dramas. Seu forte era fantasia, que fazia parte do repertório do poeta. Mas mesmo a fantasia precisa de estímulos. Kalidasa encontrou-os nos épicos muito mais antigos que *Mahabharata* e o *Ramayana*. Enfim, o que é esse *Ramayana*?

A palavra significa "Vida de Rama". As origens dos eventos se perdem em algum ponto na antiga Índia. O *Ramayana* fala de um rei da dinastia do Sol, que outrora viveu em Ajodhja. O rei tinha quatro filhos, cada qual com uma mulher diferente, sendo Rama, o mais velho, o que superava os irmãos em vários aspectos. Por isso, seu pai o escolheu como sucessor. Uma intriga materna impediu tal evento, e Rama teve de se ausentar do país por 14 anos. Ele tinha uma bela esposa, chamada Sita, que foi raptada por Rawana, o governante de Lanka (Ceilão). (O mesmo tipo de evento que impulsionou a Guerra de Troia, na Grécia.) O astuto Rama construiu uma ponte para ligar a Índia com Lanka e que, posteriormente, foi utilizada por suas tropas. Rama em pessoa trouxe de volta sua amada Sita, com a ajuda de seus vimanas voadores. Finalmente, Rama pôde se sentar no trono de seu pai. Um final feliz.

A trama da história é simples, mas a tecnologia usada é um tanto dramática. Dois tipos de veículos voadores são utilizados no *Ramayana*: os vimanas e os rathas. Os primeiros se moviam com extrema rapidez, eram pontudos na frente e continham várias câmaras luxuosas. Tinham também janelas incrustadas de pérolas e todas as câmaras eram forradas com tapetes. A maioria dos vimanas mencionados no *Ramayana* podia transportar 12 passageiros. Um voo entre Lanka e Vasisthasrama é descrito em detalhes. Hoje, corresponderia a uma distância de cerca de 2.880 quilômetros, que pode ser percorrida em poucas horas. Ao contrário do *Mahabharata*, no *Ramayana* são os humanos que costumam pilotar esses veículos voadores extraordinários, geralmente líderes treinados de exércitos, ou rei. Treinados, claro, pelos deuses. É bom enfatizarmos novamente que a tecnologia para a construção dos vimanas veio dos deuses. Os humanos não inventaram nada. Há distinções claras entre os humanos que tinham permissão de pilotar um vimana e os deuses em suas fenomenais cidades celestes.

O que os deuses queriam, de fato, originalmente? Consta que vieram à Terra em tempos muito remotos para estudar os humanos. Que estudo maravilhoso, se levarmos em conta as guerras devastadoras que eles mesmos instigavam! Na verdade, os deuses estariam aqui já desde épocas ainda anteriores para criar os humanos, o que não deve ter dado muito certo; do contrário, não teriam de matá-los subsequentemente. Para os estudiosos céticos da Índia, mas também para os leigos interessados que gostariam de verificar tudo isso, aqui foram selecionadas algumas passagens do *Ramayana*:

- Junto com Khara, ele subiu no veículo voador que era adornado com joias. Este fez grande barulho, parecido com o trovão que vem das nuvens. (Cap. 3, 35, 6-7)
- Pode ir aonde você desejar, eu levarei Sita a Lanka pelo ar... então, Rama e Maricha subiram no veículo voador que parecia um palácio. (Cap. 3, 42, 7-9)
- Você, velhaco, crê que obterá riqueza caso se apodere deste veículo voador? (Cap. 3, 30, 12)
- O veículo voador, que tinha a velocidade do pensamento, apareceu novamente em Lanka. (Cap. 4, 48, 25-37)
- Este é o excelente veículo voador chamado Puspaka e brilha como o sol. (Cap. 4, 123, 1)
- O objeto voador... se elevou no ar com um forte ruído. (Cap. 4, 123, 1)
- Todas as mulheres do harém do rei-macaco rapidamente terminaram a decoração e entraram no veículo celestial. (Cap. 4, 123, 1-55)

Já esbocei aqui a trama da história. Na seção sobre "Rama e Sita", expliquei que Rawana abduziu a encantadora Sita em um "veículo do ar que parecia o sol". O voo os levou acima de colinas altas e montanhas. Nem os gritos de socorro de Sita, raptada, nem seus pedidos para que a libertassem fizeram o abdutor mudar de ideia. Quando Rama soube da abdução, deu uma ordem militar clara: "Preparem o veículo do ar!"

Nesse ínterim, Rawana, o maligno, já estava sobrevoando o oceano em direção a Lanka. Mas o veículo voador de Rama é mais rápido. Ele emparelha com Rawana e o desafia em uma batalha aérea. Com um "dardo celestial", Rama derruba o veículo do raptor, que cai no oceano. Sita é resgatada e entra no veículo celestial do marido, que sobe estrondosamente a uma nuvem cúmulo.

Rama, o herói do *Ramayana*, tinha aliados astutos. Um desses companheiros talentosos era o rei dos macacos, chamado Hanuman. O rei dos macacos era capaz de se transformar em um gigante ou um anão, quando quisesse. Era também um piloto ousado. Quando iniciava seu voo desde as montanhas, as copas das árvores se partiam, árvores gigantes eram arrancadas e as montanhas vibravam. Pássaros e outros animais fugiam aterrorizados para seus esconderijos na floresta profunda. Às vezes, esse piloto audaz partia de uma cidade. Nessas ocasiões, lagoas e lagos transbordavam e o vimana "se erguia com sua cauda incandescente acima dos telhados e causava grandes incêndios, de modo que as edificações e todas as torres ruíam e os jardins dos prazeres eram devastados".

Realmente, um veículo terrível. Mas, enfim, ele fora confeccionado nas oficinas dos deuses, que pouco se importavam com as casas destruídas dos seres humanos. Sempre que leio nos textos indianos que os veículos voadores causavam incêndios, destruíam jardins e derrubavam torres, penso no *Kebra Negest*, o livro dos reis etíopes.[99] Nesse livro, Baina-lehkem, um filho do rei Salomão, voou de Jerusalém a Etiópia, sobrevoando o Egito. Os egípcios reclamaram que o veículo voador provocou a queda de estátuas dos deuses e de obeliscos ("... pois eles pilotavam um veículo como os anjos, e eram mais rápidos que as águias no céu").

Os escritos sagrados (ou nem tanto, hoje em dia) da Índia, os *Vedas*, contêm descrições que apenas podem ser compreendidas na atualidade. Reconheço certa lógica nisso. Naturalmente, os celestiais, aqueles deuses vangloriosos, sabiam que os humanos daquela época eram incapazes de compreender sua tecnologia. Vemos o mesmo hoje na noção etnologicamente aceita de "culto à carga" (ver Von Däniken, nota 9). Para os humanos daqueles dias, a tecnologia celestial parecia algo do reino da magia. Coisas celestes. Entretanto, as pessoas cultas *quiseram* relatar tudo isso. Havia método por trás desse trabalho. Graças às tradições daqueles tempos lendários, nós,

---

99. *Abhandlungen der Philosophisch-philologischen Klasse der Königlich Bayerischen Akademie der Wissenschaften*, 23. Band, 1. Abteilung, Kebra Negest, die Herrlichkeit der Könige. [*Treatises of the Philosophical-Philological Class of Royal Bavarian Academy of Sciences*, vol. XXIII, section 1. *Kebra Negest, The Splendour of the Kings*]. Munique.

as pessoas do futuro, podemos saber o que acontecia na época. E foi justamente esse conhecimento que nos levou a fazer perguntas que nunca existiriam *sem* os textos antigos. Quando lancei em meu primeiro livro, *Eram os Deuses Astronautas?* (1968), a pergunta provocante se nossos ancestrais teriam recebido visitantes do espaço milhares de anos atrás, essa indagação não veio do nada. Determinados indicadores me obrigavam a fazer a pergunta. No entanto, somente depois de indagar se nossos ancestrais foram visitados por seres do espaço foi que outras questões surgiram.

Extraterrestres? Eles existem? Como é a aparência deles? Por que nos visitaram? Como sabiam que nós existíamos? Por que fizeram o que fizeram? Qual era a motivação deles? Deixaram alguma evidência de sua presença? Voltariam um dia? Quando? Como reagiríamos? E assim por diante. Todo esse catálogo de perguntas somente é possível *depois* da pergunta básica: se nossos ancestrais foram visitados por extraterrestres. *Antes* disso, a principal pergunta nunca fora feita; portanto, as outras não existiam.

Em tudo isso, não importa se as pessoas daquela época compreendiam o que viam ou experimentavam, como não importa a maneira mística e nebulosa como registravam essas experiências. O conteúdo em si, independentemente do invólucro, deveria fazer as pessoas do futuro pensar e desconfiar. E é isso que estamos fazendo. Vocês, lá no passado, conseguiram! No *Rigveda*, por exemplo, tecnologias e também pensamentos filosóficos são descritos de maneira que não se enquadrariam em nenhuma categoria daquela época. Vejamos algumas amostras:

Todos os que saírem desta Terra irão primeiramente à Lua... a Lua é o portal para o espaço exterior, e aquele que conseguir responder às perguntas terá permissão para seguir adiante (Rigveda, 1, Adhyana).[100]

Obviamente, a Lua é base de saída para jornadas interplanetárias e interestelares. Espaçonaves grandes conseguem decolar da Lua por causa da força gravitacional baixa de nosso satélite natural. Ou as naves são montadas a partir de um kit em órbita ao redor da Lua, que é muito mais fácil que em volta da Terra. Sem dúvida, esses

---

100. Grassmann, Hermann. *Rig-Veda*. Leipzig, 1876.

componentes tinham de ser transportados primeiro da Terra à Lua; porém, decolagens até a nave-mãe ainda sendo construída são muito mais fáceis a partir da superfície da Lua ou de um ponto em sua órbita. A questão é que milhares de anos atrás nenhum ser humano sabia disso.

O espaço é muito maior que o Fogo [o Sol], pois contém Sol e Lua, relâmpago, estrelas e fogo. Pela virtude do espaço, você pode chamar, ouvir e responder; no espaço você é feliz ou não; pode-se nascer no espaço ou nascer para o espaço; pode-se também cultuar o espaço. Aquele que cultua o espaço, adquire riqueza espacial, mundos ricos em luz, irrestritos para ir longe e em vastas distâncias, por toda a extensão do espaço, e lá pode perambular ao seu bel-prazer (Rigveda).[101]

Todas essas afirmativas são verdadeiras. Precisamos agora filtrar seu significado original. Frases como "aquele que cultua o espaço, adquire riqueza espacial" pode ser traduzida como "aquele que *realiza* pesquisa espacial, adquire riqueza espacial". O especialista em estudos indianos, professor Kanjilal, em Calcutá, me disse que o termo em sânscrito para "cultuar" e "realizar" era o mesmo, pois os humanos realizam o culto. *Nascer no espaço e para o espaço* é uma ideia conhecida de qualquer astronauta. No futuro, serão construídas espaçonaves para gerações inteiras de pessoas, que viverão, amarão, morrerão e nascerão no espaço. Mais uma vez, a questão é: ninguém sabia disso milhares de anos atrás.

Como cidadão do século XXI, se leio a respeito de uma arma terrível *que a humanidade nunca conheceu antes, uma arma que intoxica todos os alimentos e mata os bebês ainda no ventre das mães*, entendo o que isso significa. Milhares de anos atrás, porém, as pessoas não entendiam. Mais alguma pergunta?

Se hoje ficamos perplexos, essa perplexidade é o resultado de milhares de anos de doutrinação por parte das religiões. Todo terráqueo sofreu lavagem cerebral para se sentir dominado por Deus em toda parte, mesmo nos locais mais secretos. Isso exige um Espírito de Deus que seja onipresente. Só um Espírito de Deus é capaz de tudo

---

101. Deussen, Paul. *Sechzig Upanishads des Veda* [*Sixty Upanishads from the Vedas*]. Leipzig, 1905.

e penetra tudo. O universo é Deus. O panteísmo, segundo o qual tudo é Deus, predomina todos aqueles ensinamentos filosóficos em que Deus e o mundo são idênticos. Deus tem de ser impessoal, no sentido de tais ensinamentos. Essa interpretação foi aventada pelo grande filósofo Arthur Schopenhauer (1788-1860), como um "ateísmo polido". O próprio Cristianismo, que permite que o filho de Deus apareça como um ser humano, possui uma dose de panteísmo; do contrário, o Deus cristão não seria onipresente. Deus tem de ser Espírito. Onipresente, onipotente e onisciente, Ele possui o dom todo-poderoso de saber de antemão o que vai acontecer. Colocando-se acima de tudo, "Ele" se aliena nas agruras humanas. Como Espírito, Deus não necessitaria de um veículo visível, objetivo, para se mover de um local para outro. O Espírito está em todo lugar. Exatamente: ELE.

Seja no Antigo Testamento ou na religião antiga da Índia, o Deus ou os deuses que manifestados usavam veículos não eram infalíveis, empregavam armas terríveis, destruíam crianças inocentes e favoreciam mais um lado que os outros. Onde está a lógica nisso? Quem brincava com os seres humanos naqueles tempos não era Deus.

Os antigos textos indianos listam ligas de metais e líquidos que eram usados como combustível, entre eles o mercúrio. Afinal, o que é o mercúrio?

O mercúrio tem as características de um metal precioso; é muito constante em um estado puro. À temperatura de -38.83°C, a substância prateada se solidifica em uma massa cristalizante mais leve que o chumbo. Começa a ferver aos 357°C. Mas ele evapora lentamente mesmo em temperaturas baixas; o vapor de mercúrio liberado é muito tóxico. Esse metal estranho dissolve a maioria dos outros metais, como ouro, prata, cobre, chumbo e até platina – embora em temperaturas mais altas. Curiosamente, não provoca o mesmo efeito no ferro, níquel, silício ou manganês. Como armazenar mercúrio se ele dissolve até o ouro? Isso somente pode ser feito com vidro, ferro ou cerâmicas vidradas (potes). De onde deriva o mercúrio? Ele é fácil de obter a partir de minérios, pois até o vapor da água ou do vinagre são suficientes para dissolvê-lo. Na Antiguidade clássica, o elemento mercúrio era associado ao planeta Mercúrio. Muitos povos o manuseavam. (O grego Aristóteles, 384 a.C., refere-se a ele como "prata líquida"; e Teofrasto, 315 a.C., descreve a extração do metal.) Mercúrio e vapor de mercúrio formam os componentes mais variados, que podem ser usados em processos industriais e para outros fins.

Se seguirmos as afirmativas nos antigos textos indianos, o mercúrio era usado como um combustível, transportado no vimana dentro de um receptáculo de ferro, em uma jarra ou em um invólucro feito de mica. Sempre me espanto diante dos fatos que os arqueólogos costumam acumular e são incapazes de atribuir a uma ou outra categoria. Foi encontrado mercúrio na tumba do imperador chinês Shihuangdi, da dinastia Quin, e cujas datas são controvertidas. Mercúrio em grandes quantidades! Em março de 1974, fazendeiros escavando atrás de água perto de Lington (província Shaanxi) depararam com um sepulcro primitivo, no qual foram encontrados depois cerca de 7 mil soldados imperiais de argila, todos alinhados em posição de marcha. (A propósito, as 7 mil figuras indicam uma produção em estilo industrial.) Gradualmente, modelos de vários rios foram descobertos, isolados à prova de água com camadas de argila – o Yangste, o Huanghe e o mar, todos feitos de mercúrio. Acima deles, foi modelado um firmamento esplêndido com muitos corpos celestes. Grandes quantidades de mercúrio no túmulo de um imperador chinês místico – seria uma descoberta única? Não. A 25 mil quilômetros dali, pelo ar, houve outra descoberta incrível de mercúrio.

Copan, na atual Honduras, é considerada a "Paris do mundo Maia". Copan se mostra gigantesca, com suas pirâmides e templos. Até hoje, os significados de muitas esculturas intrigantes e das tais "reproduções antropomórficas" não foram esclarecidos. Outrora, a cidade de Copan controlava um importante depósito de jade no vale Motagua. Jade era mais importante que o ouro, para os maias. A "escadaria de hieróglifos" de Copan é bem conhecida e traz uma lista dos reis de Copan entalhada em seus 56 degraus. Essa obra foi executada por um rei chamado Butz'Yip, que significa algo do tipo "-fumaça é sua força". Que fumaça?

Ricardo Agurcia, diretor das escavações no projeto Copan, descobriu um templo subterrâneo em 1992. A parte acima do solo se chama Templo 16, o subterrâneo Rosalia. Claro que Rosalia é muito mais antigo que o Templo 16, pois este foi erguido em cima de Rosalia. "Quando você sai desse túnel baixo, encontra-se, de repente, diante de uma parede enorme, 12 metros de altura, a fachada do templo velho, de um azul brilhante, além de vermelho e ocre", escreveu o escavador Nikolai Grube.[102] Na parede colorida pendiam máscaras de rostos humanos ou de deuses, bem como "uma máscara com mais de dois metros de altura do pássaro deus, com numerosos ornamentos bem preservados" (ver Zick, nota 102). Desse ponto, um duto de ar conduz mais para baixo ainda; nos degraus há vários símbolos maias que nem mesmo os melhores especialistas (Linda Schele e Nikolai Grube) foram capazes de decifrar. Somente tempos depois, com a ajuda de um computador, os decifradores passaram a crer que o templo fora consagrado por um rei chamado Moon-Jaguar (Jaguar da Lua). Por fim, os especialistas conseguiram desenterrar as fundações de Rosalia, e acreditavam ter encontrado a tumba do fundador da dinastia, Yax K'uk'Mo.

Entretanto, nenhum escavador conseguiu entrar na tumba, pois ela estava cheia, até a borda, de mercúrio altamente tóxico! Teríamos aqui um tipo de pista?

Enquanto isso, um especialista vestindo trajes de proteção subiu até a câmara cheia de mercúrio e descobriu que não era do fundador da dinastia, mas de uma mulher. Um pouco mais para o fundo, havia outra câmara. Eles teriam visto, então, através do duto, os restos mortais de um homem, "com objetos funerários de alta qualidade" (ver Zick, nota 102). Parece que se formou um silêncio quanto ao que seriam esses artefatos funerários de alta qualidade – como sempre acontece quando surgem coisas inexplicáveis ou até misteriosas.

Na verdade, os turistas podem admirar uma cópia perfeita de Rosalia, com suas máscaras assustadoras, no novo Museu de Copan. Ao olhar para tais coisas, o observador é quase transportado de volta à antiga Índia, e isso acontece com frequência também na América Central. Basta compararmos a ornamentação ou os gestos indicados

---

102. Zick, Michael. *Das Geheimnis des begrabenen Tempels* [*The Mystery of the Buried Temple*], in *Bild der Wissenschaft* [*Picture of Science*], nº 1, 1997.

pelas estátuas em ambos os lugares, ou os templos em forma de pirâmide na América Central com os da Índia. O que dizia o *Kathasaritsagara*, aquela coletânea de textos indianos da Antiguidade? "O veículo voador nunca precisava se abastecer de combustível e levava as pessoas a países distantes, do outro lado do mar".

Nossos arqueólogos não têm imaginação, porque isso não lhes é permitido. A arqueologia é um ramo de pesquisa conservador, praticado por cientistas espirituosos e humorados e, na maioria, com grande integridade. Inevitavelmente, em suas universidades eles são obrigados a se apegar à mistura homogênea de ensinamentos que se orienta obstinadamente segundo o princípio evolucionário. Tudo se desenvolveu com lentidão, constância, um passo seguido de outro. Os especialistas em estudos da América Central nada sabem dos mitos indianos; não se interessam por eles. O especialista em Egito não tem a menor noção das fenomenais construções pré-históricas nas terras altas do Peru. Já o especialista em estudos da Índia jamais estudou o Antigo Testamento e nada sabe a respeito das descrições técnicas de uma espaçonave no livro do profeta Ezequiel. Se soubesse, provavelmente faria algumas ligações. Mas espere um pouco! Não pode ser, porque um dos dogmas da pesquisa clássica é que não existiam ligações entre um continente e outro, milhares de anos atrás.

Extraterrestres? Deuses reais há milhares de anos? Impossível! Cubra a cabeça e se arrependa! E aquele especialista que ainda possui uma módica habilidade para fazer correlações não ousa discutir com os colegas as descobertas que não se encaixam no quadro conhecido, muito menos escrever sobre elas. Tal indivíduo se tornaria imediatamente alvo do ridículo. O que não tem permissão de ser não é. Por isso, não devemos nos surpreender se descobertas muitíssimo interessantes são varridas para baixo do tapete e nunca divulgadas ao público. Pior ainda: nem ao menos os outros especialistas na mesma área sequer têm uma chance de ouvir falar dessas descobertas misteriosas.

O mesmo sistema se aplica à nossa mídia. Um jornalista que deseja avançar, tornar-se editor de arte ou até editor-chefe deve, antes, provar que possui conhecimento especializado e visão séria apropriada. Ambos se originam na velha mistura homogênea. Assim como um arqueólogo não pode divulgar abertamente uma descoberta que não se enquadra nas convenções, o jornalista que pretende ser levado a sério não pode escrever uma matéria sensacional sem antes garantir para si o apoio dos especialistas. Mas estes não o dão. Com esse sistema em perfeito funcionamento, não precisamos mais duvidar de que a sociedade está presa no conhecimento de ontem e sofreu lavagem cerebral com a noção de que o conhecimento de hoje é o pináculo de todo o conhecimento.

Sou um daqueles indivíduos que, de vez em quando, encontra algo incomum de um especialista. Claro que isso me é sempre passado sob promessa de meu segredo, e a ética me obriga a cumprir o acordo de preservar o anonimato. Não quero trair a confiança e entregar a pessoa ao crivo de seus colegas. Além disso, eu destruiria nossa relação e a fonte de informações secaria. O que podemos fazer com esse círculo vicioso? Pergunto à pessoa que me passou algo em segredo se posso divulgar a informação. Às vezes, obtenho essa permissão, mas sempre prometendo não citar nomes. Assim, cumpro a palavra, sentindo-me ao mesmo tempo bem e mal. O sentimento bom deriva do fato de não ter colocado o informante em maus lençóis, não tê-lo exposto. Já o sentimento ruim é por omitir uma informação importante. Qual deve ser a prioridade? Para mim, minha palavra. No mundo da mídia, esse comportamento tem proteção legal. Nenhum jornalista pode ser obrigado a revelar o nome de seus informantes.

Somado a esse compromisso duplo – que assola qualquer um que faça ou que eu faço – existe o problema da credibilidade pessoal. Costumo listar minuciosamente as fontes de minhas informações para que possam ser verificadas. Não apelo para a fé, porque a fé está no campo da religião. Apresento as informações sem revelar as fontes, e o leitor escolhe acreditar em mim ou não.

A tumba mais antiga contendo mercúrio foi encontrada em Copan. Sei que descobertas semelhantes foram feitas em outros locais da região maia, em Tikal e Palenque. O mercúrio, segundo os antigos indianos, servia de combustível; e os vapores do mercúrio, como sabemos hoje, são altamente tóxicos. Por que tantos sacerdotes superiores dos maias usavam máscara com uma mangueira, semelhantes às nossas máscaras para gás? Como vemos nos antigos textos indianos, o mercúrio era transportado em receptáculos feitos de arnica, além de outros materiais. Por que foram encontradas câmaras subterrâneas de mica não somente entre os maias, mas também com os teotihuacanos, nas terras altas do México? Ainda que não tenham descoberto mercúrio nessas câmaras – e não tenho certeza se os escavadores não ocultaram parte da verdade – isso significa muito pouco. Se uma câmara de mica não estiver devidamente selada, o mercúrio pode evaporar no decorrer de mil anos. Isso explicaria os estranhos casos de morte de sumos sacerdotes (os conhecedores) e governantes.

O que exatamente é mica? Mica é uma substância criada no decorrer de milhões de anos nas montanhas. É um composto de silício, alumínio e oxigênio. Pode ser separada como as folhas de um livro e existe em cores variadas. Camadas finas de mica eram usadas, mesmo no passado, como janelas em fornalhas industriais por serem resistente ao calor. Mica também é utilizada na indústria elétrica e na construção de antenas, pois é um isolante elétrico extremamente bom. Essa substância resiste também ao ácido, pelo menos aos ácidos orgânicos.

Foi encontrada mica nas tumbas antigas de nobres norte-americanos, chamados em tom pejorativo de chefes de tribos. Eles conheciam as múltiplas funções da mica? E de onde ela vem? Vinte anos atrás, uma câmara subterrânea de mica foi descoberta em Teotihuacán, o complexo gigantesco na periferia da Cidade do México (como informo em meu livro, *The Day the Gods Came*).[103] Nos primeiros anos após a descoberta, as autoridades em arqueologia e antropologia na Cidade do México mantiveram-na em segredo. Por quê? Ninguém pode contestar que, após a publicação de meu livro em 1984, o segredo vazou e hoje os turistas podem, se insistirem, admirar o teto da câmara de mica. O guarda ergue a cobertura de metal, que foi guarnecida com cadeados após a descoberta.

---

103. Von Däniken, Erich. *Der Tag, an dem die Götter kamen: 11 August 3114 v. Chr.* [*The Day the Gods Came: 11 August, 3114 B.C.*]. Munique, 1984.

Algum arqueólogo poderia me dar um motivo convincente para esse teatro de segredos? Normalmente, em casos assim, alega-se a "proteção" do artefato. Algo precisa ser protegido do "público idiota". Desculpe-me, mas mica não enferruja, é indestrutível, nem mesmo quedas de raios e ácidos – oriundos de plantas mortas – podem afetá-la.

Ora, o turista crédulo pode acreditar que como o segredo não é mais segredo, as autoridades puseram as cartas na mesa. Vou decepcioná-lo. Um túnel conduz à Pirâmide do Sol de Teotihuacán – proibida para turistas. No centro, sob a pirâmide, há três câmaras – proibidas para turistas e pesquisadores. Jamais se anunciou ao público o que foi descoberto nessas câmaras. E eu gostaria de ver *todos* os objetos, não apenas alguns itens que são agradáveis e aceitáveis. E mais uma coisa oculta do público – soube disso por uma fonte confiável: um cano insulado com mica se estende a partir de uma dessas câmaras subterrâneas. Valeria a pena seguir o caminho desse cano e descobrir até onde vai e o que há no fim dele. Não sei se isso já não foi feito secretamente. Na primavera de 2001, arqueólogos americanos descobriram duas tumbas com esqueletos pré-históricos em um monte funerário chamado Nabta – 1.350 quilômetros ao sul do Cairo. Ambas estavam não apenas decoradas com pinturas da deusa celeste Hator, mas também maciçamente insuladas com mica. Como essa substância não existe naturalmente naquela região, deve ter sido importada das montanhas do Sudão. Por que e por quem, 4.000 a.C.?

Todo esse clima de segredo cheira muito mal, e o que me faz subir as paredes é a hipocrisia das autoridades responsáveis, que agem como se não guardassem nenhum segredo. Mas existe, com certeza – e como! Muitos anos atrás, o engenheiro alemão Rudolf Gantenbrink realizou pesquisas dentro da pirâmide de Quéops em um túnel de ventilação de 20 x 20 centímetros, com cerca de 60 metros de comprimento. No fim do túnel, ele descobriu uma porta pequena com duas dobradiças de cobre. Já relatei esse evento antes (ver Von Däniken, nota 39). Não há falta de verbas nem de tecnologia para abrir essa porta diante dos olhos do mundo. Mas o que acontece? Acobertamento. O Departamento de Antiguidades no Cairo proibiu a abertura da porta com argumentos incrivelmente vagos. E se a tal porta for aberta secretamente, ou se já foi, os arqueólogos responsáveis pela Grande Pirâmide perderam o direito à credibilidade. Sentam-se em suas torres de marfim e afirmam, indignamente, que o público deve acreditar em suas declarações. Eles não entendem que o público se tornou cético e crítico – como se já não existissem informações políticas e científicas errôneas nas últimas décadas.

E enquanto levanto a tampa que encobre essas questões, eis mais comentários sobre informações errôneas no presente. Depois da publicação de meu livro, *Eram os Deuses Astronautas?* (*Erinnerungen an die Zukunft*), uma nova organização foi montada nos Estados Unidos com o objetivo de expor de uma vez por todas toda essa "baboseira" à la Däniken e Uri Geller, informando o público sobre a verdade. CSICOP (Committee for Scientific Investigation of Claims of the Paranormal – Comitê de Investigação Científica de Fenômenos Paranormais) é o nome da associação na América (na Alemanha, ela é chamada de "Skeptiker"). Ora, todo cético e crítico tem a liberdade de defender com ferocidade uma opinião contrária, claro, e se assim o desejar, mostrar-se indignado. Mas, por favor, não façam isso sob a pretensão de apresentar fatos. Infelizmente, contudo, é o que acontece em nome do CSICOP. Robert Anton Wilson, autor de um livro informativo sobre o CSICOP, comenta no prefácio:

Quando digo Nova Inquisição, refiro-me a certos hábitos de repressão e intimidação que têm se tornado cada vez mais comuns na comunidade científica hoje em dia.[104]

Como isso funciona? Você reúne alguns cientistas, que não precisam aprender mais nada, e sabem exatamente o que é ou não possível. Usando esses nomes reputáveis, você publica uma revista – no caso do CSICOP é a *The Sceptical Inquirer*. O passo seguinte consiste em contatar produtores de programas de TV, que contam com os bons nomes dos cientistas para criar uma série televisiva. Na língua inglesa, essa série é *Horizon*, produzida pela BBC. Como tanto a BBC quanto os cientistas que se apresentam em seus programas têm uma

---

104. Wilson, Robert Anton. *Die neue Inquisition, Irationaler Rationalismus und die Zitadelle der Wissenschaft*, Frankfurt, 1992 [Disponível em inglês: *The New Inquisition. Irrational Rationalism and the Citadel of Science*. Tempe, Arizona: New Falcon Publications, 1986.]

boa reputação, a série é transmitida no mundo todo. E daí? Qual o problema? Com fatos omitidos, entrevistas usadas fora de contexto, representações errôneas ou insinuações e manipulação, o telespectador vê um quadro objetivo e aparentemente verdadeiro. Assim aconteceu em outubro e novembro de 1999.[105] Dois pesquisadores, Robert Bauval e Adrian Gilbert, haviam publicado um livro intitulado *The Orion Mystery* [em 1994] e falado a respeito da obra em um documentário na TV.[106] Os dois autores conseguiram demonstrar, com a ajuda de egiptólogos e astrônomos, que as grandes pirâmides de Gizé eram alinhadas com a constelação de Órion e, portanto, deviam ser muito mais antigas do que afirma a arqueologia convencional. Os episódios de *Horizon* da BBC picotaram essa opinião, distorceram as afirmações de Bauval, deturparam a imagem de Órion e nem ao menos permitiram que o astrônomo que trabalhara com os cálculos decisivos da nova teoria se apresentasse! Tudo em nome da verdade científica! Uma explicação surpreendente. É provável que alguns dos bons cientistas que trabalhavam com o CSICOP nem soubessem quem dita as regras por trás dessa organização.

Hoje em dia, qualquer estudante no Ensino Médio sabe o que é um teste de DNA e que ele pode ser usado para condenar criminosos e confirmar parentesco. Alguns especialistas japoneses quiseram realizar testes de DNA em múmias egípcias com o intuito de esclarecer, entre outras coisas, se o pai de Tutancâmon tinha sangue real. O Conselho Supremo de Antiguidades no Cairo logo proibiu o projeto. O professor doutor Zahi Hawass, chefe do Conselho, explicou à agência de notícias Associated Press por que isso aconteceu: "Os resultados desses exames poderiam ser usados para reescrever a história do Egito" e "Há pessoas que gostariam de mudar a história egípcia".[107] É claro que há pessoas também que querem impedir isso.

---

105. BBC London. Television programmes: *Horizon*, 28 de outubro de 1999 – "Atlantis Uncovered" e *Horizon*, 4 de novembro de 1999 – "Atlantis Reborn".
106. Bauval, Robert e Gilbert, Adrian. *The Orion Mystery*. Londres: Heinemann, 1994.
107. *Bild der Wissenschaft* on-line: manchete de 2 de dezembro de 2000: "Ägyptische Behörden verhindern in letzter Minute Gentests an den Mumien von Tutenchamun und Amenhotep III" ["Egyptian authorities's last-minute stop on genetic tests of the mummies of Tutankhamun and Amenhotep III"].

Não há questão de credibilidade quando consideramos os textos antigos indianos. Ninguém precisa *acreditar* nesses textos, pois o conteúdo deles fala por si. E os textos não lidam com a fé. As afirmações em si, ainda que envoltas por um aspecto mitológico, são suficientes. Os povos da antiga Índia simplesmente não podiam saber coisa alguma das terríveis armas usadas e menos ainda dos diversos tipos de vimanas, sem falar nos hábitats no espaço. E, gostemos ou não, tais coisas aparecem naqueles textos.

Desde os anos 1950, alguns estudiosos indianos – entre eles sábios ou mestres (*swamis*) – enxergam esses antigos escritos indianos com um olhar moderno. Alguns textos vêm com um viés religioso – por exemplo, os que falam de Krishna. Isso nada altera no conteúdo, pois a idade do texto é registrada. A história a seguir deriva do décimo hino de Srimad-Bhagavatam.[108]

É a história da batalha entre a dinastia Yadu e um *daemon* chamado Salva, que logrou tomar posse de um maravilhoso veículo celestial com o nome de Saubha. Salva recorreu ao semideus Shiva para obter forças adicionais e usá-las contra Krishna, que ele odiava e queria matar. Assim, pediu a Shiva uma cidade voadora, tão poderosa que não pudesse ser destruída por nenhum semideus, *daemon*, humano, Gandharva ou Naga, nem mesmo um Raksasa. Salva queria também que essa cidade aérea fosse capaz de voar para qualquer lugar. Shiva, o semideus, concordou, e com o auxílio do fenomenal projetista Maya – também mencionado com as mesmas funções nos épicos e nos *Puranas* – foi construído um complexo voador verdadeiramente assustador, mas estável, que não podia ser destruído por ser algum. Tinha o tamanho de uma cidade e podia voar tão alto e rápido que era praticamente impossível avistá-lo. De posse desse magnífico veículo voador, Salva partiu para o ataque aos Yadus, por quem ele nutria um ódio imorredouro.

Antes de atacar a cidade chamada Dwarka pelo ar, ele a cercou com um exército imenso de soldados de infantaria. Tanto as partes

---

108. Vyasadevas, Srila. "Srimad-Bhagavatam" [traduzido por A. C. Bahktivedanta Swami Prabhupada], in *Krsna, die Quelle aller Freude*, vol. II [*Krsna (Krishna), the Source of All Joy*, vol. II], Viena, 1987.

estrategicamente importantes da cidade quanto aquelas em que os habitantes congregavam sofreram ataques. Havia um motivo para isso. Salva podia destruir a cidade a partir do ar, mas ele queria se apoderar de alguns indivíduos escolhidos antes. Além disso, sob a cidade se encontravam forças de defesa contra os ataques aéreos, que Salva precisava anular. Após o sucesso obtido pelas tropas em terra, Salva bombardeou a cidade com relâmpagos, rochas, serpentes venenosas e outros objetos perigosos. Também levantou um furacão tão violento que mergulhou Dwarka nas trevas, cobrindo o céu de poeira.

Então, os grandes heróis de Dwarka se reuniram e planejaram um contra-ataque. O líder deles era Pradyumna, que também possuía armas mágicas. Usou-as imediatamente contra os poderes mágicos que emanavam do veículo voador de Salva. Pradyumna e seus heróis provocaram terrível destruição entre as forças adversárias. Milhares de carruagem de guerra foram destruídas e milhares de elefantes foram mortos. Mas ainda havia o terrível veículo voador do qual Salva desferia seus ataques. Esse veículo era tão misterioso que às vezes as pessoas tinham a impressão de ver vários deles ao mesmo tempo no céu, ou de repente parecia não haver nenhum. Os guerreiros da dinastia Yadu ficavam confusos, pois viam o estranho veículo voador em lugares diversos. Às vezes, ele aparecia no solo e, logo em seguida, no céu novamente; de um momento para outro, pousava algum tempo no alto de uma montanha para logo reaparecer na superfície da água. O veículo maravilhoso se deslocava pelo céu como um vaga-lume ao vento, mas nunca ficava tempo demais em um local específico. Apesar dessas manobras, os guerreiros da dinastia Yadu atacavam o veículo assim que o viam. Os dardos dos guerreiros brilhavam como o Sol e eram tão perigosos quanto as línguas das serpentes.

A batalha durou 27 dias. Na época, Krishna, que assumira a forma de um ser humano, estava hospedado com um rei. Soube da batalha e compreendeu que Salva queria matá-lo. Usando seu próprio veículo celestial, Krishna voou até a cidade de Dwarka e testemunhou a catástrofe. Imediatamente, virou-se para seu piloto, Daruka, e ordenou: "Rápido, leve-me a Salva. Embora ele seja poderoso e misterioso, não precisa temê-lo". O veículo de batalha de Krishna tinha uma bandeira com uma imagem de Garuda. Salva notou a aproximação de Krishna e lançou contra ele um míssil poderoso, que produzia no ar um som como o de trovão. Brilhava tanto que iluminava todo o céu. Krishna, porém, disparou um míssil também que destruiu o do inimigo em mil pedaços. Em seguida, bombardeou a cidade celestial de Salva com uma verdadeira enxurrada de dardos, assim como o Sol inunda o céu inteiro com inúmeras partículas de luz em um dia claro.

Salva não admitia derrota e projetou numerosas ilusões no céu. Krishna, porém, não se deixou enganar. Como os truques mágicos não funcionaram com ele, Krishna localizou o veículo celestial de Salva e disparou saraivadas de línguas de fogo contra o inimigo. A paixão de Salva pelo combate era como dos aviadores que se lançam bem no meio do fogo adversário. Krishna soltou tantos dardos, com uma força tão inacreditável, que a armadura de Salva se despedaçou e seu capacete incrustado de pedras preciosas se quebrou em mil pedaços. Em seguida, Krishna destruiu o veículo voador fantástico de Salva com um golpe poderoso, e inúmeros pedaços de detritos caíram no mar. Salva conseguiu alcançar terra firme antes de seu veículo cair na água, mas Krishna levantou sua magnífica roda de fogo que reluzia como o fulgor do Sol. Nesse momento, Krishna parecia o próprio Sol vermelho quando se ergue acima de uma montanha. No mesmo instante, Salva foi decapitado e sua cabeça, juntamente com os brincos e o resto do capacete, caíram ao chão. Os soldados de Salva, então, se entregaram a um choro e lamentação de arrepiar a espinha. Os semideuses chegaram em seus veículos voadores e fizeram chover sobre o campo de batalha flores de diferentes planetas celestes. Um pouco mais tarde, Krishna visitou o planeta Sutala e o governante "mergulhou em um oceano de alegria".

Uma cena aterradora. São descritas armas de raios, armas de ilusão, mísseis, antimísseis e armas capazes de alterar o clima, bem como estruturas celestiais que podem mudar de posição em curtíssimo tempo. Depois de ler textos assim, sempre me pergunto o que nossos autores de ficção científica bolarão, em seguida.

A próxima pergunta inevitável é o que aconteceu com o que sobrou dessas armas. Se realmente ocorreram algumas dessas guerras citadas nos textos indianos, onde estão os vestígios e os detritos?

Onde estão os fragmentos dos veículos celestiais derrubados? E os restos dos abrigos das forças de defesa? Para onde foram os restos dos canhões de raios que disparavam dardos flamejantes no espaço com uma força tão inacreditável?

Mas surge, então, a contrapergunta: onde estão os restos dos milhares de tanques de aeronaves da Segunda Guerra Mundial? Poucos mais de 70 anos se passaram desde a guerra e raramente encontramos qualquer peça, exceto em museus. As batalhas na antiga Índia ocorreram milhares de anos atrás – quando exatamente, ninguém sabe. Além disso, temos descrições gráficas de países inteiros destruídos e suas cinzas, e de como eram usadas armas de raios, além de cidades celestiais que foram derrubadas e caíram nos oceanos. Quem conseguiria recolher traços de tudo isso? E quando objetos inexplicáveis às vezes são encontrados – sei de alguns –, aquelas almas pomposas os guardam em algum lugar, com grande dignidade, sob o manto do acobertamento. Entretanto, tenho certeza de que em breve descobriremos traços de batalhas espaciais. Certamente, na Lua, no cinturão de asteroides e em Marte. Na Terra, também, se procurarmos com afinco. Essa busca já começou, e tem dado certo.

Essa história citada se centrava em Dwarka, que foi atacada do alto pelo maligno Salva. A mesma história, com ligeiras alterações, também é contada no *Mahabharata* (nos capítulos sobre Sabha, Parva, Bhishma Parva e Mausala Parva). Aborda sempre a destruição da cidade de Dwarka. Existiu, então, esse lugar?

Nos últimos 60 anos, os arqueólogos indianos fazem a mesma pergunta – e têm sorte. Assim como Heinrich Schliemann acreditava nas histórias de Homero, os estudiosos indianos acreditam nos relatos do *Mahabharata*. Há muitas pistas utilizáveis da localização geográfica de Dwarka e, após décadas de pesquisa exaustiva, chegou-se a um resultado. A cidade descrita era situada outrora no (atual) golfo de Kutsh (entre Bombaim e Karachi, exatamente na latitude 22°, 14' E, longitude 68° 58' N). Assim como em Troia (hoje, Turquia), os escavadores encontraram oito camadas em Dwarka, uma acima da outra, com a pequena cidade moderna, construída no século XVI, por cima das ruínas. Na maré baixa, vemos muros que vão dar no oceano. Essas ruínas levaram os especialistas a explorar ali também, por meio da arqueologia submarina. Primeiro, foram usadas câmeras submarinas e depois tiradas medidas com magnetômetro; na sequência, foram empregados detectores de metal submarinos. Enquanto a mídia ocidental relatava as descobertas submersas no Mediterrâneo fora da Alexandria, os indianos – muito longe da balbúrdia da mídia – descobriam Dwarka, mencionada no *Mahabharata*. A princípio, as câmeras captaram imagens de blocos de pedra trabalhados, "que excluíam a possibilidade de transporte natural por causa do tamanho",[109] como teria ocorrido por meio de correntes submarinas ou marés. Em seguida, descobriram muros que se encontravam em ângulos retos, ruas e contornos de edifícios antigos, de templos e palácios de uma "alta civilização" outrora existente – isso, segundo afirmações em um relatório científico sobre Dwarka (ver Rao, nota 109). Por fim, encontraram pregos contendo ferro com silício e componentes de magnésio. "Não há dúvida de que devem existir mais objetos de ligas de metal no leito do oceano em Dwarka." Essa suposição se baseia nos resultados dos detectores de metal. O relatório científico sobre as descobertas de objetos a várias centenas de metros da costa termina com as seguintes palavras: "As pistas no *Mahabharata* acerca da cidade de Dwarka não eram exageros nem mitos. Aquilo era uma realidade, no sentido mais pleno do termo".

Geólogos indianos que participaram da exploração das ruínas submersas de Dwarka depararam com os restos de paredes que exibiam traços de pedra vitrificada. Pedra somente derrete sob temperaturas extremamente altas. Esse tipo de pedra vitrificada é vista não apenas em Dwarka, mas em outros locais também. Nunca houve uma explicação razoável para as causas. Já em 1932, Patrick Clayton, um geólogo contratado pelo governo egípcio, encontrou uma estranha areia vitrificada, esverdeada e reluzente, nas dunas do "Grande Lago de Areia" (platô Saad, norte do extremo sudoeste do Egito). Em julho de 1999, a revista britânica *New Scientist* relatou a descoberta de areia vitrificada no deserto da Líbia.[110] Não há vulcões ali, o que explicaria

---

109. Rao, S. R. *The Lost City of Dvaraka* [Dwarka]. Nova Deli, 1999.
110. Wright, Giles. "The Riddle of the Sands", in *New Scientist*, 10 de julho de 1999.

a causa de tais características. Os beduínos sempre fizeram facas e cabeças de machados a partir desse "vidro do deserto". Mais de mil toneladas de vidro do deserto foram encontradas até hoje, sem um único argumento convincente para sua origem. Mesmo no século XIX, relatos de vitrificação inexplicável já assombrava a imprensa. Em 1881, o *American Journal of Science* noticiava que um bloco de granito vitrificado[111] fora descoberto nos castelos franceses das cidades de Châteauvieux e Puy de Gaude (litoral norte). Em seu livro publicado em 2000, o autor americano David Hatcher Childress[112] indica 22 lugares no mundo onde podem ser observadas pedras e areias inexplicavelmente vitrificadas. Eu mesmo vi alguns locais com vitrificação acima da cidade peruana de Cuzco. O enigma nunca foi resolvido, apenas ignorado.

E agora? Esse é só o começo de uma busca com instrumentos modernos. Sabe-se há décadas que o índice de casos de câncer é muito mais alto que a média indiana na região em volta de Jodhpur (Rajasthan, Índia). Mutações antinaturais foram observadas em pássaros na região. Foi somente em 1999 que os cientistas do país tiveram a ideia absurda de usar detectores para verificar a radioatividade, embora não existisse nenhuma usina nuclear na área nem jamais tivessem realizado testes nucleares. Os contadores do tipo geiger trouxeram resultados inesperados. Camadas de cinza sob a areia e a pedra demonstraram claros índices medidos de radioatividade. De onde vieram?

A revista russa *Trud* noticiou, em 24 de junho de 2000, a expedição do professor Ernest Muldaschew na região fronteiriça do Tibete/Nepal. Monges tibetanos lhe falaram sobre as ruínas de uma cidade que fora construída pelos deuses. O local se situava perto da montanha sagrada, Kailas. Reproduzo esse relato com cautela porque não pude verificar a fonte. Talvez algum dia uma expedição parta em direção a essa área montanhosa, na qual – isso, pelo menos, confirmo – há tradições fantásticas a respeito daqueles deuses que, milhares de anos atrás, foram professores ativos da humanidade.

---

111. Daubree, M. "On the Substances Obtained from Some 'Forts Vitrifies'" [*vitrified forts*] in France", in *American Journal of Science*, vol. III, nº 22, 1981.
112. Childress, David Hatcher. *Technology of the Gods: the Incredible Science of the Ancients*. Illinois: Kempton, 2000.

Enfim, para onde nos leva esse caminho? Ao passado mais profundo da humanidade. A um período pré-histórico no qual não queremos acreditar, pois nossos olhos e nosso senso comum foram embotados com a teoria santificada da evolução.

Embora se tenha notado certo progresso na arqueologia chinesa nas últimas décadas, a história antiga da China ainda permanece um mistério. O pouco que se descobriu aponta claramente para aqueles "antigos imperadores" místicos que chegaram do céu em dragões voadores. Por milhares de anos, os governantes e os sacerdotes naquele "Reino do Centro" se consideravam representantes da única e mais desenvolvida civilização da Terra, pois acreditavam ter recebido ensinamentos, tecnologias e conhecimentos astronômicos diretamente dos deuses. As histórias nos mosteiros chineses falam dos "*san Huang*", os "três reverendíssimos", e dos "*wu di*", os "cinco imperadores originais". Essas figuras não são detectáveis na história. A história escrita começa com Yu, pois a sucessão hereditária ao trono chinês iniciou com ele. Yu teria atuado entre os séculos XXI e XVI a.C. Claro que era visto como um ser divino, o mesmo acontecendo com seus sucessores por muito tempo.

Mesmo mil anos depois, os chineses viam seu governante, "o grande Yu" (período Zhou, século XI a.C. a 771 a.C.), como um ser divino que erguera as terras para salvá-las das enchentes. Muito antes do grande Yu, havia as dinastias Xia e Shang, sempre categorizadas pelos arqueólogos como místicas e não reais, até a súbita descoberta dos tais ossos de oráculos. Esses ossos forneceram os nomes de 23 governantes, que foram decifrados e identificados, de maneira desambígua, como pertencentes à dinastia Shang. No total, 100 mil ossos foram localizados nas instalações subterrâneas perto de Xiaotun (no norte da província Henan). Originalmente devia haver mais, porque os habitantes locais moíam os ossos e usavam o pó como agente de cura, durante centenas de anos. Uma biblioteca inteira de ossos. Na atualidade, apenas cerca de um terço deles foi decifrado, já que as inscrições nos ossos compõem um alfabeto de 3 mil sinais. E tudo ocorrido há tanto tempo!

No século XI a.C., o último governante Shang foi derrotado pelo povo Zhou, e poderíamos pensar que o culto em torno de governantes divinos pararia nesse ponto. Errado – o culto mal começara. Os governantes Zhou viviam segundo as regras de *"tianming"*, o Mandato do Céu. O céu, *"tian"* em chinês, estava firmemente ancorado na cabeça de sacerdotes e governantes. Todo governante era chamado de *"tianzi"* – Filho do Céu. Qualquer governante que não vivesse ou reinasse de acordo com o conceito de *"tianming"* não era um filho genuíno do Céu e acabava deposto e morto.

Quem se surpreenderia, portanto, com fato de que todos os governantes chineses, desde os tempos mais remotos (ninguém sabe quando), tinham de realizar certas cerimônias no "altar do Céu" e conversar com os velhos deuses? Eles eram vistos como intermediários entre a Terra e os poderes celestes, e viam a si mesmos, sem exceção, como "filhos do Céu". Até hoje, dois desses "altares do Céu" ainda são conhecidos: um em Pequim e um segundo, apenas recentemente escavado, na cidade de Xian. Esse "altar do Céu" é uma estrutura redonda que consiste em quatro plataformas sobrepostas, uma em cima da outra, com uma quinta no centro. Cada uma é aproximadamente um metro mais alta que a debaixo. Paredes intermediárias que vão do topo ao fundo dividem as plataformas em 12 estágios, pois para os antigos chineses, o número 12 significa a divisão dos céus em 12 partes. E o que tudo isso tem a ver com a Índia e a América Central, ou com os vimanas operados a mercúrio? No Peru, os governantes incas, bem como seus ancestrais, também viam a si mesmos como "filhos do Céu" (assim como os japoneses, persas e as casas imperiais etíopes). Os "filhos do Céu" no Peru também realizavam cerimônias e conversavam com os ancestrais divinos sobre um "altar do Céu". Um desses altares está na cidade de Cuzco, quase imediatamente acima das intrigantes ruínas da fortaleza de Sacsayhuaman. Possui a mesma estrutura dos "altares do Céu" na China, apesar do meio mundo de distância entre os dois países! Quem absorveu o que de quem? Ou quem influenciou quem?

Sempre que estudo obras arqueológicas, etnológicas ou religiosas/filosóficas – e isso ocorre toda semana, no decorrer de meu trabalho –, sou tomado pela sensação de tatear no escuro, pois nada de fundamentalmente novo surge nessas obras. Em essência, elas formam uma literatura incrivelmente tediosa, escrita por pessoas de pensamento semelhante para outras pessoas de pensamento semelhante. Essas pessoas se comportam como se fossem programadas de modo igual, como seres inconscientes com os mesmos reflexos. Já não me surpreendo com isso, pois sei como funciona o sistema. Não existe referência cruzada fora dos assuntos que aprenderam, pois nada conhecem.

Afirmo que ao menos algumas das armas descritas nas antigas tradições indianas existiam de fato e foram utilizadas, assim como os vimanas e as cidades celestiais. Entretanto, não cabe a mim nem a outros que pensam como eu apresentar a prova de tais afirmações. Nem eu nem meus colegas temos uma instituição à nossa disposição que pudesse munir os especialistas com os meios necessários para examinar pontos muito específicos. Arqueologia submarina é muito cara, arqueologia aérea idem. Por outro lado, ruínas podem ser localizadas à profundidade de 25 metros no solo, com o auxílio do Radar de Abertura Sintética (em inglês: Synthetic Aperture Radar – SAR). O processo consiste em emitir micro-ondas na faixa P de uma altura de 3 mil metros. O alcance das frequências é de 380-450 mega-hertz. As micro-ondas penetram profundamente no solo e são refletidas. Até os objetos com apenas 30 centímetros se tornam visíveis com o sistema SAR. Essa forma de pesquisa arqueológica é muito cara, sem dúvida. A Índia não pode custeá-la. E seria preciso, depois, acompanhar os resultados; as descobertas teriam de ser analisadas. Se tal tecnologia fosse usada na pesquisa da antiga cidade de Dwarka, tenho certeza de que logo encontraríamos traços dos antigos sistemas de armas mencionados no *Mahabharata*.

O que deveríamos fazer? Só posso apontar para aquelas referências cruzadas e implorar aos estudiosos que se empenhem em uma ou em outra direção. Se ocorreram guerras no espaço, seria possível, na atualidade, encontrar traços delas em algum lugar na Terra, soterrados sob areia grossa e camadas de solo, ou nos oceanos, cobertos por montanhas de corais. Não nos falta o recurso tecnológico para dar esse primeiro passo. O trabalho mais apurado poderia ser feito depois; tenho uma gama de perguntas minuciosas sobre determinadas localizações geográficas. Não posso ir à Lua, muito menos a

Marte, embora mesmo lá os resultados de medições atuais feitas por sondas espaciais revelem diversas coisas inexplicáveis.

Em 31 de junho de 1976, as sondas americanas enviadas a Marte (Projeto Viking) fotografaram formas curiosas na superfície daquele planeta, que se tornaram o ponto de partida para especulação e numerosas teorias.[113] Um rosto foi visto na região de Cydonia (foto Viking 35A72). Estruturas retangulares que lembram muralhas artificiais (foto Viking 86A10) e até mesmo estruturas piramidais foram observadas na superfície de Marte (fotos Mariner 9 4205-78 e, mais precisas, Viking 35A72, 70A11). Nem preciso mencionar que essas formações misteriosas foram atribuídas a causas naturais, e 20 anos depois, as fotos mais recentes da Nasa sequer reproduziam mais o rosto de Marte. O enigma foi arquivado. Cedo demais, em minha opinião. Embora as fotos posteriores não mostrassem mais o rosto na superfície, podemos ver ainda uma elipse gigantesca de rocha na posição onde antes aparecia a face. As estruturas retangulares com aspecto de muralhas ainda aparecem, e a forma triangular de uma pirâmide sobreviveu. Enquanto isso, os primeiros traços orgânicos foram encontrados em rochas marcianas e a Nasa anunciou que deve existir água, embora congelada, sob a superfície de Marte.[114] Isso indica atividade em Marte, no passado.

A velha pergunta quanto ao que há de estranho nas duas luas de Marte ainda não tem resposta. São chamadas Fobos e Deimos (medo e terror) e já eram conhecidas antes que o astrônomo americano Asaph Hall as descobrisse em 1877. Em 1610, Johannes Kepler suspeitava de que Marte fosse acompanhado por dois satélites. Realmente incrível, porém, é a narrativa que aparece na obra de Jonathan Swift publicada em 1727, *Viagens de Gulliver*, em um capítulo sobre uma jornada a Laputa. Não somente Swift descreveu as duas luas, mas também conhecia o tamanho e as órbitas de ambas. No terceiro capítulo, lemos:

---

113. Di Piettro, Vincent e Molenaar, Gregory. *Unusual Mars Surface Features*. 4. ed. Maryland: Glenndale, 1988.
114. Welt am Sonntag, nº 41, 1966: "Weider Spuren von Leben in Stein von Mars entdeckt" ["Further Traces of Life Found in Stone from Mars"].

"Eles [os astrônomos de Laputa] passam a maior parte de sua vida observando os corpos celestes, trabalho que realizam pelo emprego de vidros, que muito ultrapassam os nossos em excelência, pois embora seus maiores telescópios não tenham mais que três pés de altura, sua potência de aumento é muito superior a de cem vezes, entre os nossos, e mostram as estrelas com maior clareza. Tal vantagem lhes possibilitou estender suas descobertas para muito além das de nossos astrônomos europeus. Eles criaram um catálogo de dez mil estrelas fixas, enquanto os nossos não contêm mais de uma terceira parte de tal cifra. Além disso, descobriram duas estrelas menores, ou satélites, girando em volta de Marte; o de órbita mais próxima está distante do centro do planeta primário a exatamente três vezes o diâmetro deste, e o de órbita externa cinco; o primeiro gira no espaço de dez horas, e o segundo em 21 horas e meia. Assim, o quadrado de seus períodos está muito próximo do cubo de sua distância do centro de Marte...".

Como Jonathan Swift pôde descrever essas luas se elas somente foram descobertas 150 anos depois? Sabe-se que esses satélites são os menores e mais peculiares em nosso sistema solar: movem-se em órbitas quase circulares em torno do equador de Marte. Fobos e Deimos são as únicas luas em nosso sistema solar que giram mais rapidamente em volta do planeta-mãe que a rotação do próprio planeta. Se levarmos em conta a rotação de Marte, Fobos realiza duas órbitas em um dia marciano, enquanto Deimos gira em torno do planeta um pouco mais rápido que a rotação de Marte em torno do próprio eixo. As características peculiares de Fobos não têm uma relação apropriada com sua massa aparente.

Naturalmente, presumimos a mesma história de criação das luas marcianas como a de todas as luas em volta dos outros planetas. Acredita-se que sejam fragmentos do espaço que foram capturados pelo campo gravitacional de Marte. Essa teoria, porém, tem uma falha: as duas luas de Marte orbitam o planeta quase no mesmo plano acima do equador de Marte. Um fragmento pode acidentalmente fazer isso, mas se acontece com dois, a teoria de que é pura coincidência perde credibilidade. Várias sondas terrestres espiaram essas luas marcianas e enviaram fotos à Terra. As duas luas são fragmentos em "formato de batata", com várias crateras de impacto. Foram feitas tentativas de voo acima das luas de Marte a uma distância relativamente curta, mas os satélites terrestres não alcançaram o alvo. As sondas "ficaram cegas" antes de transmitir imagens à Terra. As primeiras fotos obtidas pelos satélites não esclareceram a questão das luas de Marte. Temos agora "batatas com crateras", é verdade, mas ainda sabemos tão pouco a respeito da vida interior desses diminutos corpos celestes quanto sobre suas órbitas peculiares.

A questão das crateras que cravejam todas as luas e planetas em nosso sistema solar nunca foi compreendida de forma satisfatória. Sem dúvida, detritos espaciais bombardeiam a superfície dos planetas que não possuem uma camada protetora de ar, o que faria com que ao menos alguns fragmentos menores se incendiassem. Mas por que há tantas crateras? E por que em corpos tão minúsculos como Fobos e Deimos? Essas luas não têm os campos gravitacionais dos planetas grandes. Temos a impressão inevitável de que alguma bateria pesada de asteroides passou por nosso sistema solar, em algum tempo longínquo. De onde? Qual foi a causa? Sabemos que milhares desses pedaços de detritos espaciais se acumularam entre Marte e Júpiter, no assim chamado cinturão de asteroides. Ninguém conhece a causa disso. Guerra nas Estrelas?

Também nessa questão, temos os recursos tecnológicos para o estudo, mas nada é feito. Por quê? Porque o "sistema" consideraria absurdo liberar verbas para tais projetos.

A mesma situação se aplica à Lua, que se encontra a apenas 384 mil quilômetros de nós. Várias sondas da Nasa fotografaram "anomalias tectônicas inexplicáveis" lá. Uma delas, no Mare Crisium, lembra uma ponte gigantesca. O incansável e diligente Luc Bürgin, que se tornou editor-chefe de um jornal de Basle, noticiou a descoberta.[115] Outro fenômeno, que pode ser observado a partir da própria Terra com um telescópio decente, aparece no Mare Vaporum (para

---

115. Bürgin, Luc. *Mondblitze. Unterdrückte Entdeckungen in Raumfahrt und Wissenschaft* [*Lightning Flashes on the Moon. Suppressed Discoveries in Space Travel and Science*]. Munique, 1994.

os astrônomos, 16, 5° N e 4-6° E). Trata-se de uma linha com aspecto de pista de decolagem, que se estende pela Lua e parece atravessar parte das rochas. A linha termina, em ambas as extremidades, com uma linha reta e dois ângulos retos. A natureza não costuma produzir linhas assim, principalmente por uma extensão de 30 quilômetros. Deixamos de ver algo até agora porque não queremos saber mais. Isso mudará um dia, pois os humanos se assentarão na Lua e, posteriormente, em Marte. É tão certo quanto o Sol nasce no leste. Por isso apelo para a razão e um relaxamento das atitudes: pesquisemos esses enigmas e abandonemos o acobertamento infantil.

Apenas com base nas fotos, já considero aventuroso experimentar datação geológica em relação à Lua e a Marte. Claro que os geólogos sabem a respeito das camadas de rochas na Terra e quantos milhões de anos se passaram até que certas formações atingissem suas estruturas atuais; e, certamente, um *insight* baseado nas condições da Terra pode ser transferido para outros planetas. Mas nada disso é suficiente para datarmos a distância formas retangulares na superfície de Marte, porque embora as rochas ao redor tenham milhões de anos, as formas artificiais talvez não. É como se fotografássemos a superfície da Terra a partir de Marte e descobríssemos algo como uma muralha em um vale montanhoso. Os geólogos calculariam a época em que o vale se formou, mas não compreenderiam que a muralha era, na verdade, uma represa.

Tiram-se conclusões muito apressadas. Quanto à Lua e a Marte, somente teremos dados confiáveis se um humano ou um robô se colocar lá. Um ser humano seria mais confiável que um robô, pois pode fazer deduções e notar detalhes que escapariam à programação do robô.

Existem na Terra variados métodos de datação, todos sujeitos a deslizes. As origens dos textos antigos não podem ser determinadas, ainda que localizemos o manuscrito mais antigo de todos. Por quê? Porque não sabemos há quanto tempo já se narrava a história quando ela foi escrita pela primeira vez. Astrônomos indianos tentaram reconstruir uma data para o *Mahabharata* por meio do estudo das menções de informação astronômica. Com base nessas referências, esse épico indiano poderia ter sido produzido em qualquer período entre 6000 e 3000 a.C.,[116] talvez até antes.

Outro problema surge em meio às diferentes datações de vários calendários. Já mencionei que o calendário maia – adaptado ao nosso – cita 11 de agosto de 3114 a.C. como sua origem (ver Von Däniken, nota 103). Por quê? Porque "os deuses desceram do caminho das estrelas" naquele dia. "Eles falavam a língua mágica das estrelas no céu."[117] Isso foi há 5 mil anos, em uma época da qual nada sabemos, mas que não nos impede de fingir que estávamos lá. Os índios Aymara, nas ruínas de Tiahuanaco (Bolívia), comemoravam o início de seu calendário em 21 de março de 2000. O início fora exatamente 5.008 anos antes. Na Índia, o calendário ocidental é usado oficialmente, mas aparecem 20 calendários em suas tradições religiosas, todos com datas de origem diferentes, remontando a um passado distante. Um calendário de Sirius foi atribuído aos egípcios, sem jamais ter existido de fato, e o Judaísmo começa seu calendário com a criação do mundo. Seria em 7 de outubro de 3761 a.C. Ora, segundo a tradição judaica, mil anos contam como um para Deus. Isso significa que quando o sétimo milênio começar para o calendário judaico, o sétimo dia começa para Deus. De acordo com conceitos judaicos, será o dia do retorno do Messias.

Já abordei o fato de que todos os povos, extintos ou não, conhecem o conceito de algum portador da salvação (ver Von Däniken, nota 39). Parece que nunca aprendemos com isso. Nas palavras do espirituoso satirista entre os cientistas, o professor Erwin Chargaff:

"A única coisa que aprendemos da história é que nada aprendemos da história, e isso ocupa milhares de páginas".[118]

Nosso conhecimento da história passada da humanidade é lamentável. Em milênios passados, livros eram queimados por políticos e autoridades religiosas para que prevalecesse apenas uma única verdade. Esses atos de destruição não acontecem mais hoje em dia;

---

116. Raghavan, Srinivasa. *The Date of the Mahabharata War*. Madras.
117. Makemson, Worcester M. *The Book of the Jaguar Priest*. Tradução do Livro do Chilam Balam de Tizimin, com comentário. Nova York, 1951.
118. Chargaff, Erwin. *Warnungstafeln. Die Vergangenheit spricht zur Gegenwart [Warning Signs. The Past Speaks to the Present]*. Stuttgart, 1982.

aliás, pelo contrário: o planeta está repleto de livros e milhões de mensagens são passadas pelo mundo inteiro pela internet. Não que nos ajude muito, pois os seres humanos apenas se apegam ao que querem. E, mesmo assim, somente uma parcela muito pequena de pessoas pode se dar ao luxo de tais coisas, se compararmos com os 7,5 bilhões de almas em nosso globo azul. *Quo vadis, homo sapiens*?

Nos últimos anos, a astrônoma francesa, Chantal Jègues-Wolkiewiez, fez algumas descobertas estonteantes que deixaram numerosos estudiosos da pré-história muito zangados. A senhora Jègues estudou desenhos em cavernas com afinco, entre eles os da caverna de Lascaux, na Dordonha francesa. As figuras pictóricas foram datadas com aproximadamente 17 mil anos. Logicamente – o dogma da evolução não permite nada além de lógica –, somente poderiam existir pessoas da Idade da Pedra naquela época. Na verdade, os desenhos mostram cavalos, alces, touros, linhas e pontos estranhos, tudo feito com cores que já existiam na Idade da Pedra. A arqueologia interpretou essas figuras como a mera necessidade dos caçadores de animais grandes de decorar suas cavernas. Mas as melhores dessas cavernas decoradas não estão em lugares onde nossos caçadores da Idade da Pedra viviam, e sim a milhas de distância deles e sempre em áreas de difícil acesso.

Os estudiosos da pré-história concluíram, então, que as cavernas serviam como recintos de assembleia onde eram realizadas certas cerimônias de importância para espíritos ou xamãs, sempre citados em relação a todo tipo de baboseira. Portanto, os povos da Idade da Pedra supostamente criaram santuários pré-históricos, como se fossem igrejas daquela época.

A senhora Jègues descobriu algumas relações bem diferentes. Sendo astrônoma, notou detalhes que escaparam aos arqueólogos. As figuras pictóricas representam, na verdade, estrelas e constelações inteiras que os babilônios e os caldeus observaram e nomearam muito tempo depois! Tratava-se das constelações de Escorpião; Áries, o carneiro; Touro; o bode montanhês Capricórnio, e assim por diante.

Isso não podia ser coincidência, pois as interpretações da senhora Jègues se confirmam todos os anos, tanto pela astronomia quanto pela posição do complexo de cavernas. Todos os anos, no solstício de verão, os raios do Sol poente penetram a caverna e iluminam os desenhos no Salão dos Touros. A senhora Jègues diz: "Esse lugar não foi escolhido por acaso. As figuras foram criadas como parte de um espetáculo fantástico, quando o sol ilumina todo o Salão dos Touros".[119] Em primeiro lugar, essa astrônoma fez um mapa do céu estrelado como seria para um observador há 17 mil anos. Em seguida, todos os pontos e linhas das figuras de animais foram medidos com cuidado e os resultados obtidos comparados com um programa de computador do céu noturno de 17 mil anos atrás. A correspondência entre os dois foi exata. O astrônomo Gérald Jasniewicz (Universidade de Montpellier, França), que verificou os dados da senhora Jègues, comentou: "Vários elementos se combinam sem a menor sombra de dúvida. O alinhamento da caverna com o solstício de verão, a posição de Capricórnio, Escorpião e Touro no salão corresponde ao céu daquela época" (ver nota 119). O que a ciência que estuda a pré-história diz a respeito disso?"Pura especulação", segundo o dr. Harold Floss, da Universidade de Tübingen.

Nada novo aí. O que não pode ser não pode ser. Astrônomos na Idade da Pedra não cabem na estrutura da evolução, a única que nos deixa felizes. Habitantes de cavernas têm de ser primitivos; eles podem caçar animais grandes, arrancar suas peles, procurar frutinhas e esculpir lanças. Podem ser prototípicos e borrar algumas imagens nas paredes das cavernas, mas não podem ser capazes de um pensamento abstrato, muito menos de conhecer astronomia. Chovia muito 17 mil anos atrás, e o céu não podia ser visto o ano inteiro; então, como o caçador da Idade da Pedra podia estudar astronomia? Além disso, aqueles brutos vestidos de peles de animais não teriam tempo para estudar. Precisavam caçar mamutes, defender-se de ursos, proteger suas famílias e manter o fogo aceso. Não havia tempo para astronomia de alto nível.

Enfim, o que aconteceu de fato? Suponhamos, por um instante, que as batalhas descritas no *Mahabharata* com todas aquelas armas espaciais dos deuses (radioatividade... areia e rochas vitrificadas!) realmente ocorreram, e os sobreviventes daquela época terrível

---

119. *Focus*, n. 50, 2000: "Sternstunde der Steinzeit" ["A Great Moment in the Stone Age"].

decaíram de volta à Idade da Pedra. Nada lhes sobrara: bibliotecas, ferramentas de metal, jardins dos prazeres, piscinas, nem tecido ou instrumentos de escrita. Os itens mais básicos da vida cotidiana precisaram ser recriados. As armas dos deuses cumpriram seu papel com eficácia. Não é um cenário tão absurdo; é observado nas obras do filósofo Platão, como já comentei (ver Von Däniken, nota 4). Apesar da catástrofe, os sobreviventes não haviam perdido uma coisa: seu conhecimento. E o passaram verbalmente para a geração seguinte, tentando reproduzir, com os meios disponíveis, coisas que julgavam importantes como a morada dos deuses e os lugares no céu.

Hoje, ninguém que conheça o material negaria que todos os povos da Idade da Pedra eram loucos por astronomia. Apenas na área em torno do Golfo de Morbihan (Bretanha, França), de um total de 156 dólmenes, 135 estão alinhados com os solstícios de inverno e de verão.[120] Stonehenge, na Inglaterra, é comprovadamente um observatório que possibilitava toda uma série de previsões astronômicas. Os construtores pré-históricos observavam o curso de muitas estrelas, tais como Capela, Castor e Pólux, Vega, Altair ou Deneb.[121] Até os astrônomos alemães descobriram, com certo atraso, que os humanos da Idade da Pedra de Stonehenge previam todos os eclipses solares e lunares.[122] E se acreditarmos na datação oficial (quanto ao que tenho minhas dúvidas, por bons motivos), nossos irmãos da Idade da Pedra construíram sua megaestrutura em Newgrange, Irlanda, astronomicamente alinhada, claro. Como poderia ser diferente?[123][124]

A única pergunta é: *por que* esses povos da Idade da Pedra, que mal haviam descido das árvores, tinham tamanha obsessão pela astronomia? Os especialistas não conseguem chegar a uma conclusão unânime.

---

120. Von Däniken, Erich. *Die Steinzeit war ganz anders* [não disponível em inglês]. Munique, 1991.
121. Hawkins, Gerald S. *Stonehenge Decoded*. Nova York, 1965.
122. Meisenheimer, Klaus. *Stonehenge, eine steinerne Finsternisuhr?* [*Stonehenge, a Stone Eclipse Predictor?*], in *Sterne und Weltraum* [*Stars and Space*]. SuW-Special nº 4, Heidelberg, 1999.
123. O'Kelly, M. *Newgrange*. Londres, 1983.
124. Ray, I.P. "The Winter Solstice Phenomenon at Newgrange, Ireland", in *Nature*, janeiro de 1989, vol. 337.

Todas as coisas peculiares que abordei aqui *existem*. Os detalhes de todas essas questões são acessíveis publicamente, seja em livros, na internet ou em revistas especializadas. Mas ninguém tira conclusões a partir deles. Será que a sociedade humana se tornou letárgica? Aquele ímpeto interno de curiosidade morreu? Estamos simplesmente sobrecarregados de informação? Preferimos nos sentar diante da televisão ou de um computador, em vez de engatinhar lá fora? De que adianta esse aumento de conhecimento em nossa era eletrônica se nada fazemos com ele? Os jovens nos países ocidentais brincam com teclas e na internet; telas coloridas bombardeiam nossa retina com imagens e dados que são imediatamente esquecidos. Nós "surfamos" por cima da informação, mas não "mergulhamos" nela. Há algumas décadas, falei de uma fábrica de ferramentas com 5 mil anos de idade que existe a pouca distância da cidadezinha holandesa de Rijckholt, entre Aachen e Maastricht, e que não se enquadra em nossa imagem dos homens da Idade da Pedra. Quando visitei o local, no verão de 1998, apenas pude descobrir que o ramo da ciência relevante à descoberta não se interessava por essa mina de pedra lascada pré-histórica. Ela é ignorada e esquecida. A televisão nunca se deu ao trabalho de explorar esse enigma fascinante, e o máximo que os especialistas fazem é coçar suas barbas à la Woodstock, sem saber nada. Para mim, é um mistério o que eles passam o tempo lendo.

Enfim, o que é a tal mina? Escrevi a respeito dela em meu livro, *Die Steinzeit war ganz anders* (ver nota 120). Aqui vai um resumo:

Na década de 1920, monges no mosteiro dominicano da cidade de Rijckholt descobriram dutos de ar no solo, pelos quais eles trouxeram 1.200 machadinhas de pedra lascada para a superfície. Membros da Sociedade Holandesa de Geologia investigaram e descobriram 66 túneis de minas nos anos 1960, mas desconfia-se de que existam mais alguns milhares. A quantidade e o tamanho dos túneis de ar da mina permitem estimar que algo próximo de 41.250 metros cúbicos de pedaços de pedra lascada devem ter sido extraídos durante a Idade da Pedra. Essa quantidade permitiria a produção de uns 153 milhões de machadinhas! Quinze mil ferramentas foram localizadas nos túneis e as estimativas mais conservadoras indicavam que cerca de 2,5 milhões desses instrumentos da Idade da Pedra ainda deviam estar enterrados em algum ponto do solo. Se calcularmos que a mina foi usada por, digamos, 500 anos, a produção diária de machadinhas devia ser em torno de 1.500. E isso tudo teria ocorrido há 5.160 anos.

Sabe-se que os caçadores da Idade da Pedra usavam pedra lascada para todas as finalidades. Miolos dela são encontrados em estratos de giz do período cretáceo. A natureza libera esses miolos quando o manto de giz se dissolve pela ação de erosão e do clima. Até aqui, ótimo. Essa espécie de dissolução raramente ocorre na superfície, e definitivamente não em Rijckholt. Então, quem instruiu os povos da Idade da Pedra, que não eram membros de sindicatos, que uma camada de pedra lascada existia no solo, sob uma camada de areia, pedregulhos e giz? Quem organizou a construção dos túneis de ventilação na mina? A remoção de um metro cúbico de giz custaria umas sete machadinhas de pedra quebradas. Quem "vendia" essas quantidades enormes do material? Para onde foram os deuses? Que rotas usaram? Que chefe ou patrão organizou tudo? Haveria algo nas cercanias que exigia o uso de milhares e mais milhares de machadinhas? Um mínimo de 1.500 machadinhas por dia não é brincadeira.

Não tenho as respostas, mas os especialistas mundiais deveriam se interessar pelo assunto. Parece que não se importam. Jovens arqueólogos que se contaminam pela internet não partem em expedições de escavação. Essa mina de pedra lascada não se encaixa em nosso conceito do homem da Idade da Pedra, que os estudiosos da pré-história nos dão de bandeja há anos. Assim acontecem as coisas no mundo ocidental. Na esfera asiática, é diferente. Lá, embora o conceito básico de evolução tenha fundamento científico (uma coisa surge a partir de outra), as pessoas pensam em passagens do tempo diferentes das que dominam no Ocidente. Passagens de tempo são elementos da religião, motivo pelo qual nenhum estudioso indiano discute com as *yugas* (períodos enormemente longos). Talvez a humanidade tenha de fato se tornado humana a partir de ancestrais simiescos na trilha evolucionária, mas determinadas circunstâncias – possivelmente guerras com armas divinas – lançaram os humanos de volta à Idade da Pedra, e eles tiveram de se limpar da poeira e começar novamente. Ou alguma intervenção genética por parte dos deuses (a literatura clássica e antiga está repleta de seres humanos criados artificialmente) deu à raça humana um empurrão evolutivo para o futuro. O mundo asiático pensa em termos de passagens de tempo muito distintas, pois as tradições religiosas são um componente do pensamento naquelas sociedades. Essas tradições, apesar de renovadas de tempos em tempos, foram registradas em pedra em templos e esculturas. Todos os templos indianos são cópias daquelas habitações celestiais dos deuses que outrora viajavam pelos céus. Veículos celestiais foram convertidos em pedra. O Templo de Konarak, na província indiana de Orissa, hoje incluso na lista da Unesco de monumentos protegidos no mundo, serviu por séculos como um marco para navios a caminho de Calcutá.

O pagode aponta para o céu, negro como um corvo. Apenas quando se encontravam em terra firme, os viajantes do mar percebiam que todo o complexo do templo parecia um veículo espacial gigantesco, com um total de 24 rodas à sua volta. Claro que a estrutura tem um alinhamento astronômico que se entrelaça com o calendário. O templo seria uma cópia do veículo que Indra usava para voar pelo céu. Isso é comum na Índia. Todos os templos são veículos celestiais, e o topo de cada um é coroado com algum tipo de vimana, aquele veículo voador menor no qual seres humanos e deuses voavam no céu e no espaço, naqueles tempos.

Eles e/ou seus descendentes poderiam ter aparecido no deserto peruano de Nazca, ou talvez possuíssem quantidades enormes de pedra lascada extraída do solo na atual Rijckholt, por este ou aquele motivo, se assim o desejassem. Nada os impediria de fazer isso. Os deuses e os semideuses eram poderosos, e os humanos dos quais eles roubavam fariam qualquer coisa por eles.

Os deuses teriam usado certas armas? Então, os pedreiros e os escultores tentavam copiá-las (sem jamais obter êxito!). Há estudos científicos sobre isso,[125] mas ninguém no Ocidente se interessa por eles. Os deuses e alguns humanos seletos tinham acesso a armas secretas, dizem os antigos textos indianos. Alguma coisa mudou em relação a isso?

---

125. Mani, V. R. *The Cult of Weapons. The Iconography of the Ayudhapusas*, Deli, 1985.

Desde que *Sir* Francis Bacon observou, no século XVI, que conhecimento é poder, todo grupo tenta manter seus conhecimentos em segredo – enquanto podem. Mensagens codificadas, tecnologias secretas, conhecimento interno e coisas do gênero não existiam apenas no passado. Ainda existem hoje, mais do que nunca."Conhecimento secreto é poder."[126] Armas que alteram o clima são mencionadas nos textos indianos. Impossível? Na atualidade, os militares americanos pesquisam armas assim. Onde? No norte da cidadezinha de Gakona (Alasca, EUA). O projeto se chama HAARP (High Frequency Active Auroral Research Program – Programa de Investigação de Aurora Ativa de Alta frequência). Plenamente desenvolvido, o HAARP poderá cortar verdadeiros buracos no céu e realizar alterações no clima. Nada de novo.

Teriam os deuses da Índia escolhido algumas pessoas e grupos menores como seus servos, dos quais surgiram as famílias reais? Não seria tal procedimento nada além de uma forma disfarçada de racismo? E quanto àquela questão dos antigos israelitas, que se consideravam o povo escolhido? Ainda pensam assim hoje em dia, e mesmo dentro da família judaica de fé, alguns se consideram mais escolhidos que os outros. Talvez sejam. Os descendentes dos sumos sacerdotes judeus – aqueles da casa dos levitas que recebiam uma educação especial e cuidavam da arca da aliança – são os atuais Cohanim. Aproximadamente 5% da população mundial de homens judeus pertencem a esse grupo e todos carregam os mesmos demarcadores genéticos em determinadas partes de seu cromossomo Y. O rabino de Jerusalém, Jakob Kleinman, disse: "Os genes provam que Deus mantém sua promessa: nós não nos perderemos".[127]

Nada se perde e, aos poucos, as velhas verdades enxergam novamente a luz do dia. Desde que haja permissão para divulgá-las.

Até pouco tempo atrás, os astrônomos ensinavam que nossa Terra tinha uma posição exclusiva no Universo. O argumento era de que a localização da Terra era simplesmente uma questão de sorte,

---

126. Singh, Simon. *Geheime Botschaften* [*Secret Messages*]. Frankfurt. a.M., 2000.
127. *Der Spiegel*, nº 50, 1999: "Ahnenpass aus dem Labor" ["Ancestral Passport from the Laboratory"].

pois ela orbita o Sol a distância ideal: não é quente nem fria demais. E somente por esse motivo, a vida evoluiu conforme a conhecemos. Essa teoria já foi descartada. O astrônomo britânico Martin Rees, professor em King's College Cambridge, admitiu publicamente: "Os sistemas planetários são tão comuns em nossa galáxia que planetas como a Terra provavelmente existem aos milhões".[128] Sou capaz de apostar que mais de uma década ainda se passará antes que tal noção penetre os livros escolares e mais uns 40 anos até que os fiéis das comunidades religiosas totalitárias tenham a permissão de aprendê-la. "A meta final de toda censura é permitir somente a leitura de livros que ninguém quer ler" (Giovanni Guareschi).

---

128. Rees, Martin. "Hallo, hier Erde – hört da draussen jemand zu?" ["Hello, Earth Calling – Can Anyone Hear us Out There?"], in *Die Welt*, 9 de janeiro de 2001.

Reflexões

> *"Pessoas inteligentes podem fingir que são imbecis; o inverso é muito mais difícil."*
>
> Kurt Tucholsky

Zombo da teoria da evolução desde que comecei a escrever livros. E faço isso apesar de saber que todas as formas de vida estão sujeitas às leis da evolução. Nunca questionei a direção básica da evolução. O problema é que a evolução não ocorreu em linha reta, mas dando saltos em duas direções. Por um lado, mensagens genéticas são constantemente inseridas no "sistema da Terra". Elas chegam a nós por meio de poeira cósmica. Por outro, extraterrestres realizaram intervenções específicas no genoma humano. Como afirmam as tradições da humanidade, os deuses fizeram os homens "à sua imagem". Foi injetado material genético em nosso processo evolucionário. Não repetirei aqui o porquê de defender esse conceito há mais de 40 anos.

Ano após ano, a antropologia apresenta dados contraditórios acerca de nossos ancestrais. Mal se descobre um novo crânio enterrado, e já se fala do mais novo e atualizado pré-humano. Um processo constante de palavreado. Nem bem nos acostumamos com a teoria de que viemos da África – segundo a qual os primeiros representantes do *homo sapiens* partiram da África por volta de 100 mil anos atrás para povoar a Terra –, e essa mesma teoria já é considerada relativa. "Quanto mais sabemos, mais assombroso se torna o cenário", disse o cientista americano David Mann.[129] E esse assombro só vai aumentar.

Em 1973, pela primeira vez, um gene de um vírus foi introduzido com sucesso em uma bactéria. Em 1978, a variante sintética do gene da insulina humana foi transplantada em uma bactéria *coli*. Em 1981, surgiram os primeiros mamíferos transgênicos: sete ratos. Em 1988, foi apresentado à humanidade atônita o rato com câncer de Harvard; dali a um ano, surgiram as ovelhas e cabras transgênicas, e pouco depois, a vaca transgênica. Nesse meio tempo, doações de esperma humano e fertilização artificial viraram rotina e nasceram os primeiros bebês de proveta. Os botânicos, também ativos, começaram a manipular os genes das plantas. Vieram, em seguida, ratos, ovelhas e bovinos clonados. Os próximos a ser criados foram criaturas mistas e, enquanto escrevo aqui, acabei de ler a respeito de mais um truque dos geneticistas: os primeiros primatas geneticamente alterados.[130] Cientistas na Universidade de Portland (EUA) deram a um macaquinho um nome muito simpático: ANDi (DNA de trás para diante com um"I" no fim).

Como sempre, esses avanços são comentados em revistas e programas de televisão; e grupos de pessoas, que não têm a menor ideia do que se trata, começam a interferir. Em princípio, essa é uma boa característica da democracia. Fala-se muito de ética e moral, e se afirma que os seres humanos não devem bancar Deus. Há uma fronteira final (ouvi isso de teólogos sensatos) que Deus não permite que ultrapassemos. Somente um indivíduo compreendeu isso e disse em voz alta: o físico britânico Stephen Hawking. Diante de uma plateia em Bombaim, ele comentou que a tecnologia genética criaria, um dia, novos humanos mais inteligentes e mais resistentes que os humanos atuais.[131]

---

129. *Die Welt*, 10 de janeiro de 2001. "Neue Erkenntnisse zur Evolution des Menschen" ["New Insights on the Evolution of Humans"].
130. Lossau, Norbert. *Von Bruder zu Bruder* [*From Brother to Brother*], in *Die Welt*, 12 de janeiro de 2001.
131. Bostanci, Adam. *Evolution durch genetisches* Design [*Evolution by Genetic Design*], in *Die Welt*, 16 de janeiro de 2001.

Nenhum esforço ou lei seria capaz de alterar isso. A afirmação de Hawking nem é original. O que se acerca da humanidade em termos de inovações genéticas não é novidade. Existe há milhares de anos e pode ser lido na literatura de nossos ancestrais. Muitas tradições relatam a manipulação genética do genoma humano, as mutações artificiais específicas e, claro, as quimeras, aquelas criaturas híbridas da mitologia. Todas as antigas intervenções eram feitas pelos deuses.[132] Eles mudavam tudo a bel-prazer. Podemos discutir suas razões para tais procedimentos, mas é impossível duvidar de que *aconteceram*. Por quê? O DNA (ácido desoxirribonucleico), material ancestral de nossos genes, foi decodificado e daí surgiu o homem transparente. Apesar da decodificação do genoma humano, a tarefa não terminou. Conhecemos as páginas individuais do livro, por assim dizer, mas não as palavras e as frases. Algumas décadas atrás, quando escrevi a respeito da decodificação do genoma humano, fui recebido com rejeição e escárnio. Tal coisa jamais seria possível, disseram-me, com os bilhões de possibilidades residentes no DNA; caso acontecesse um dia, seria dali a mil anos. E agora? A árvore genealógica da humanidade está contida na mensagem genética; e nossos geneticistas, com suas possibilidades tecnológicas inacreditáveis, são astutos demais para ignorar tal fato. Daqui a alguns anos, descobrirão que determinadas sequências nesse padrão não podem ser o resultado final do processo evolutivo. Perceberão que houve algo semelhante a pais antigos (Adão e Eva), mas não apenas um par. Descobrirão que "alguém" vem manipulando nossos genes e terão de perguntar – queiram ou não – quem é o responsável por isso. A resposta está na mesa antes da pergunta: os deuses. Os argumentos seguintes serão em torno da espécie de deuses e, por fim, surgirá o catálogo de perguntas que pessoas como eu e outros de pensamento semelhante vimos fazendo há décadas. Teremos, então, chegado ao fim da ciência, da história e das religiões? Não.

Dois poderes controlam o pensamento humano: ciência e religião. Seguem caminhos diferentes, mas têm o mesmo ponto de partida e de chegada. A causa? Curiosidade. A meta? Conhecimento. Tudo

---

132. Platão. *Timaues*. Tradução para o inglês de H. D. P. Lee, Penguin, 1971.

o que fazemos e pensamos gira em torno de ciência e religião. O que a fé tem a ver com pesquisa? O que o raciocínio científico tem a ver com fé? Uma igreja que ignora a sensata visão científica é dogmática e não poderá sobreviver em uma sociedade planetária. Prepotência não combina com ciência. E uma ciência que ignora o deslumbramento e a voz interior dos sentimentos religiosos terá dificuldade para existir, uma vez que nós, os religiosos e os científicos, habitamos o mesmo mundo. O lado religioso pode atrasar a pesquisa científica. Já aconteceu com frequência no passado. As questões da fé e da teologia diferem fundamentalmente daquelas da ciência? No fim das contas, provavelmente não – ambas buscam uma verdade final. Os caminhos para o conhecimento variam. Um monge em seu mosteiro pode chegar aos mesmos resultados acerca de Deus e da criação do Universo que o astrofísico. A diferença é que o astrofísico pode comprovar seu conhecimento – o monge apenas o alcança. Seu conhecimento depende de crença. Pesquisas recentes revelaram uma ligação entre a boa saúde humana e a atitude mental. As estatísticas mostram que as pessoas otimistas têm menor risco de câncer que as pessoas depressivas. Um ser humano é uma unidade psicossomática. Ora, estudos neurológicos explicam o que acontece em nosso "neurotransmissor", o cérebro, e podemos inclusive tornar visíveis aqueles impulsos elétricos no cérebro. Mas não sabemos como eles surgem. A ciência e a religião trabalham no mesmo ser humano. O que é esse espírito dentro de nós que possibilita a imaginação, a curiosidade, e pode até trazer a cura?

Os humanos tentam ampliar seus horizontes com toda espécie de droga. Experimentam um mundo diferente no transe induzido por LSD. Mas esse outro mundo era, na verdade, o mesmo de antes, porém com os sentidos e, portanto, as percepções, alterados. Até hoje, nenhuma visão científica resultou dessa pílula capaz de alterar a mente. Então, de onde vem esse espírito? Essa é uma pergunta ao mesmo tempo científica e teológica. A ciência oferece respostas a perguntas sobre o *Big Bang* ou *Big Bangs*, buracos negros e a expansão do universo. Os filósofos religiosos querem saber se estamos sozinhos no Universo e se a criação somente aconteceu por causa da humanidade. Apenas a ciência pode oferecer as respostas a essas dúvidas. E se a ciência descobrir que não estamos sozinhos, isso não será de modo algum o fim da religião, mas sua continuidade. A que conclusões religiosas chegaram os extraterrestres? Baseadas em que dados científicos? A ciência e a religião são compatíveis, desde que a religião não seja dogmática. Haverá um arquiteto inteligente por trás do cosmos? Será Deus a primeira (e última) fonte de todo o nosso comportamento? Ou até de nossa curiosidade científica?

Uma coisa é certa: a religião não pode se desligar do pensamento científico. As leis da gravitação não obedecem a limites religiosos ou culturais. Não podem mais existir cruzadas em nome da religião. (Teremos de restringir nossa prepotência.) O que resta é a coexistência respeitosa das duas forças da ciência e da religião. As sombras do fundamentalismo ainda pairam sobre a humanidade. A tarefa da religião e da ciência é dissipar essas sombras com as armas de paz do espírito humano.

Apêndice

Caro leitor,

Você tem interesse pelos temas que abordei neste livro? Então, quero lhe apresentar minha organização internacional de pesquisa, a Associação de Arqueologia, Astronáutica e Pesquisa SETI (Archaeology, Astronautics and SETI Research Association ou A.A.S.R.A.). SETI significa *Search for Extraterrestrial Intelligence*, ou Busca por Vida Inteligente Extraterrestre.

A A.A.S.R.A. reúne e publica informações e indicações em defesa da teoria que apresento neste livro. A Terra foi visitada por extraterrestres no passado remoto? Como essa teoria fascinante pode ser comprovada?

A A.A.S.R.A. organiza conferências mundiais, simpósios, seminários e expedições a diversos lugares, alguns descritos neste livro, todos conduzidos por mim. Também publica o periódico ilustrado e elucidativo, *Legendary Times*. Nele você saberá sobre os últimos avanços em pesquisas, além de ter notícias de eventos para os membros da Associação.

Qualquer pessoa pode se afiliar à A.A.S.R.A. Somos uma organização que inclui leigos e cientistas de todas as esferas, contando internacionalmente com cerca de 10 mil membros. Por favor, envie seu nome e endereço a este endereço:

A.A.S.R.A.
P.O. Box 29075

San Francisco, CA 94129, USA

Nós lhe enviaremos um folheto informativo em quatro semanas.

O website oficial da A.A.S.R.A. pode ser acessado em: <www.legendarytimes.com>.

e-mail: <info@legendarytimes.com>

Ou visite meu website pessoal: <www.daniken.com>.

Um grande abraço a você,

Erich von Däniken

IMAGENS

Deus fala com Moisés.

Zoar: o Livro do Esplendor, que inclui a história da máquina de maná.

A família de Ló é obrigada a sair de Sodoma.

A máquina de maná, segundo Dale e Sassoon.

O Senhor desce sobre a montanha sagrada.

A entrada da Arca da Aliança em Jerusalém.

Milhares de pessoas observando o milagre do sol em Fátima.

As crianças videntes de Fátima.

O pano colorido de Guadalupe, que
na realidade não contém cor.

O pagode Sule, em Yangon, no meio de um trânsito intenso.

Uma estupa dourada no rio Ayeyarwady.

O pagode dourado Shwedagon, coberto com tapetes de bambu.

Imagens IX

Buda e seus asssitentes são figuras onipresentes no pagode.

Buda e seus asssitentes são figuras onipresentes no pagode.

Buda e seus assistentes são figuras onipresentes no pagode.

A equipe de limpeza diária no pagode Shwedagon é composta de duas pessoas que fazem aniversário naquele dia.

A cidade Kogi de Burritaca (Colômbia) foi construída como um bolo de casamento, com um terraço acima de outro.

Cabanas de palha, como estupas, existiam antigamente
no terraço superior em Burritaca.

Cabanas de palha, como estupas, existiam antigamente
no terraço superior em Burritaca.

Cabanas de palha como estupas existiam antigamente no terraço superior em Burritaca.

Uma casa Kogi reconstruída na plataforma superior de um complexo de terraços.

A astronomia está por trás de tudo na cultura Kogi. Em 21 de março, as sombras dos postes das casas dos homens e das mulheres se unem.

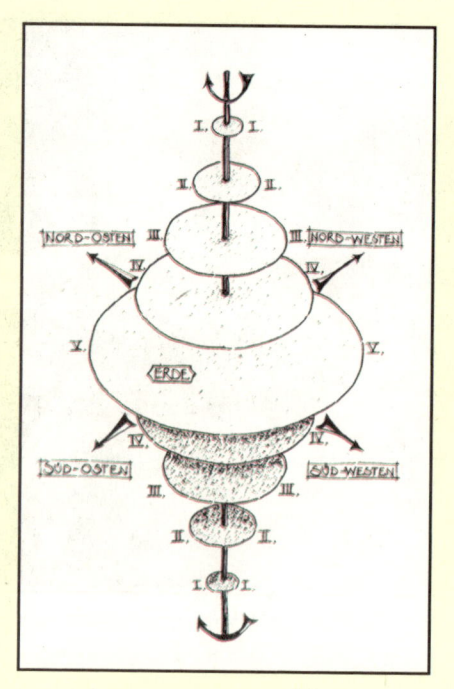

A estrutura cosmológica
do mundo Kogi.

Bételes em meio às folhas. Os habitantes de Mianmar as misturam com especiarias e as mascam cruas.

Bételes em meio às folhas. Os habitantes de Mianmar as misturam com especiarias e as mascam cruas.

Garuda é a montanha do deus Shiva.

Garuda é a montanha do deus Shiva.

As casas do povo Toraja de Sulawesi são adaptadas a partir dos barcos celestes de seus grandes professores.

Imagem dos palácios voadores e guerreiros do palácio real em Bangcoc.

Imagem dos palácios voadores e guerreiros do palácio real em Bangcoc.

Imagem dos palácios voadores e guerreiros do palácio real em Bangcoc.

Imagem dos palácios voadores e guerreiros do palácio real em Bangcoc.

Esculturas antropomórficas de Copan (Honduras),
cujo significado é um mistério até hoje.

Esculturas antropomórficas de Copan (Honduras),
cujo significado é um mistério até hoje.

Esculturas antropomórficas de Copan (Honduras), cujo significado
é um mistério até hoje.

Deuses ou figuras humanas? Ninguém sabe. Essa figura de Copan parece estar digitando em um teclado sobre o peito.

Deuses ou figuras humanas? Ninguém sabe. Essa figura de Copan parece estar digitando em um teclado sobre o peito.

Formas esféricas indefiníveis aparecem tanto nas
esculturas antropomórficas quanto nas figuras
de Copan.

A câmara de mica em Teotihuacán, mantida em segredo por muito tempo.

Pedra vitrificada, encontrada em muitos locais acima da fortaleza inca em Sacsayhuaman (Peru).

"Altares do Céu", separados por milhares de quilômetros vistos do ar.

"Altares do Céu", separados por milhares de quilômetros vistos do ar.

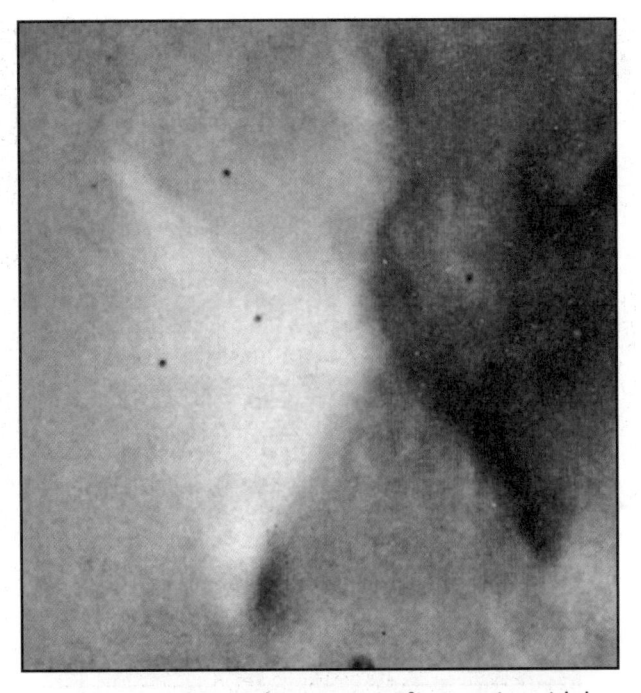

Estruturas retangulares e uma forma piramidal
em Marte.

Estruturas retangulares e uma forma piramidal
em Marte.

Uma estrutura com aspecto de pista na superfície da Lua se estende por cima de detritos.

Ninguém consegue explicar essa linha entrelaçada na superfície da Lua.

Leitura Recomendada

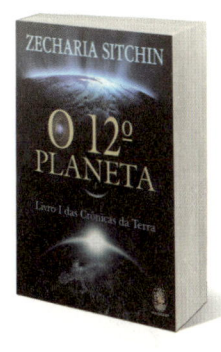

O 12º Planeta
Livro I das Crônicas da Terra
Zecharia Sitchin

Ao apresentar a história das origens da humanidade por meio da arqueologia, da mitologia e de textos antigos, em *O 12º Planeta*, Zecharia Sitchin documenta o envolvimento de extraterrestres na história da Terra. Focando principalmente na antiga Suméria, ele revela com precisão espetacular a história completa do Sistema Solar como contada pelos anunnakis de Nibiru, um planeta que orbita próximo à Terra a cada 3.600 anos.

A Guerra dos Deuses e dos Homens
Livro III das crônicas da terra
Zecharia Sitchin

O homem nasceu para ser um guerreiro ou os deuses ensinaram a humanidade a guerrear? Os alienígenas foram responsáveis pelos eventos mais cataclísmicos da história humana? As guerras da Terra começam nos Céus e os eventos celestes determinam o futuro da humanidade na Terra?

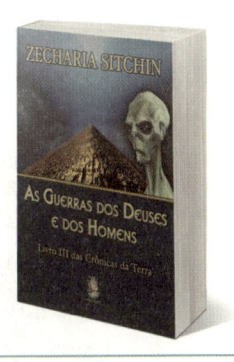

Viagem ao Passado Mítico
Zecharia Sitchin

Em *Viagem ao Passado Mítico*, o renomado pesquisador da Antiguidade, Zecharia Sitchin, revela pela primeira vez a existência de uma câmara secreta na Grande Pirâmide do Egito e conta sua própria história de incansável dedicação para descobrir a verdade que quase custou sua vida – acidentalmente ou não – quando desvendava os segredos das Pirâmides de Gizé e da Esfinge.

www.madras.com.br

Leitura Recomendada

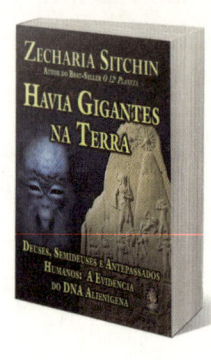

Havia Gigantes na Terra
Deuses, Semideuses e Antepassados Humanos: A Evidência do DNA Alienígena

Zecharia Sitchin

Desde seu primeiro livro, O 12o Planeta (Madras Editora), Zecharia Sitchin afirmou que os Elohim bíblicos que disseram "Vamos moldar o Homem de acordo com nossa imagem e semelhança" eram os deuses da Suméria e da Babilônia – os anunnakis que vieram à Terra de seu planeta Nibiru.

O Livro Perdido de Enki
Memórias e Profecias de um Deus Extraterrestre

Zecharia Sitchin

O passado irá tornar-se o nosso futuro? A humanidade está destinada a repetir os eventos ocorridos em outro planeta, distante da Terra? Em suas obras, Zecharia Sitchin mostra o lado da humanidade da história – como registrado em antigas tabuletas de argila e outros artefatos sumérios – no que diz respeito às nossas origens nas mãos dos anunnakis, "aqueles que vieram do Céu para a Terra".

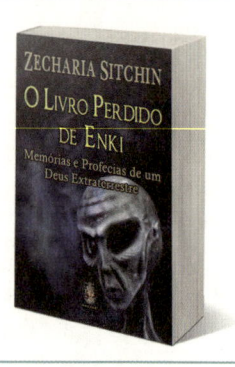

O Rei Que Se Recusava A Morrer
Os Anunnaki e a Busca Pela Imortalidade

Zecharia Sitchin

Escrito em segredo para não incitar críticas sobre suas descobertas controversas, este romance alegórico do falecido Zecharia Sitchin traz à vida os temas-chave de seu best-seller O 12º Planeta. A história começa em Londres, quando Astra chega ao Museu Britânico para a abertura da nova Exposição Gilgamesh. Lá, conhece um homem belo estranho, que sabe segredos sobre ela que ninguém deveria saber, incluindo a origem da cicatriz incomum em sua mão. Levando-a para seu apartamento, ele revela que Astra é descendente da deusa Ishtar e que ele é o avatar moderno de Gilgamesh, em busca da vida eterna que Ishtar lhe negara muito tempo atrás.

www.madras.com.br

MADRAS® Editora

CADASTRO/MALA DIRETA

Envie este cadastro preenchido e passará a receber informações dos nossos lançamentos, nas áreas que determinar.

Nome _____
RG _____ CPF _____
Endereço Residencial _____
Bairro _____ Cidade _____ Estado ____
CEP _____ Fone _____
E-mail _____
Sexo ❏ Fem. ❏ Masc.   Nascimento _____
Profissão _____ Escolaridade (Nível/Curso) ____

Você compra livros:
❏ livrarias   ❏ feiras   ❏ telefone   ❏ Sedex livro (reembolso postal mais rápido)
❏ outros: _____

Quais os tipos de literatura que você lê:
❏ Jurídicos   ❏ Pedagogia   ❏ Business   ❏ Romances/espíritas
❏ Esoterismo   ❏ Psicologia   ❏ Saúde   ❏ Espíritas/doutrinas
❏ Bruxaria   ❏ Autoajuda   ❏ Maçonaria   ❏ Outros:

Qual a sua opinião a respeito desta obra? _____
_____

Indique amigos que gostariam de receber MALA DIRETA:
Nome _____
Endereço Residencial _____
Bairro _____ Cidade _____ CEP _____

Nome do livro adquirido: ***Os Deuses Eram Astronautas***

Para receber catálogos, lista de preços e outras informações, escreva para:

MADRAS EDITORA LTDA.
Rua Paulo Gonçalves, 88 – Santana – 02403-020 – São Paulo/SP
Caixa Postal 12183 – CEP 02013-970 – SP
Tel.: (11) 2281-5555 – Fax.:(11) 2959-3090
www.madras.com.br

MADRAS® Editora

Para mais informações sobre a Madras Editora,
sua história no mercado editorial
e seu catálogo de títulos publicados:

Entre e cadastre-se no site:

www.madras.com.br

Para mensagens, parcerias, sugestões e dúvidas, mande-nos um e-mail:

marketing@madras.com.br

SAIBA MAIS

Saiba mais sobre nossos lançamentos,
autores e eventos seguindo-nos no facebook e twitter:

@madrased

/madraseditora